KB214110

기도 도량을 찾아서

기도 도량을 찾아서

우리나라 대표 기도 성지

황찬익 지음

클리어마인드
CLEARMIND

기도처, 자연과 교감하고
사람을 돌아보는 곳

　　　동서고금을 막론하고 어느 종교에서도 공통적으로 보이는 신행 형태가 바로 '기도'다. 교리가 다르고 신앙의 대상이나 주체, 발생 이후 현재에 이르는 역사 등 모든 것이 다르지만 세계의 종교가 서로 가장 비슷한 모습을 보이는 것이 바로 기도다.

　기도는 정화수 한 그릇 떠놓고 집집마다 장독대에서 소박하게 올리기도 하지만 대개 영험이 크다는 기도처를 찾아 올리는 경우가 많다. 그리스나 로마의 헬레니즘 신전들이 대개 높은 바위산에 우뚝 올라앉은 모습이고, 예루살렘 일대의 초기 기독교 성지들도 비슷한 모양새다.

　히말라야나 갠지스 강 일대의 힌두사원들과 중국의 오대 명산들도 비록 후대에 다른 종교와 습합하며 성격을 달리할지언정 땅의 기운이 뭉쳐진 산과 바위가 어우러진 곳들이다.

전 원광대 교수였던 조용헌은 그리스의 델포이 신전이나 인도의 아잔타 석굴, 중국의 화산과 한국의 계룡산, 모세가 십계명을 받았던 시나이 산은 물론 요즘 현대 미국의 명상가들이 모여드는 세도나까지 모두 지기(地氣)가 응집된 바위산이라는 점을 지적하고 있다.

우리나라의 대표적인 기도처들은 어떤가? 팔공산 갓바위를 비롯해서 낙산사 홍련암, 강화 보문사, 남해 보리암 등 3대 관음기도처라는 곳도 모두 바위에 자리하고 있다.

불교가 전래되기 훨씬 전, 단군왕검이 하늘에서 내려왔다는 백두산도 바위산이요 해마다 천제를 지냈다는 강화도 마니산도 바위산이다. 신라의 화랑들이 심신을 수련했다는 경주 인근의 남산이나 단석산 그리고 대구 팔공산 등지도 그렇다.

사찰 연혁을 보면 우리나라 사찰 가운데 원효, 의상, 도선스님이 창건했다고 전해지는 곳이 절대 다수다. 그냥 스쳐 지나가기에도 적지 않은 세월이 소요될 터인데 평생 그 많은 사찰을 창건했다는 이야기는 곧이곧대로 믿기 힘들다. 아마도 불교가 도래하기 이전에 이미 그 자리에 있었던 토속신앙의 신봉자들이 원효스님이나 의상스님의 교화를 받아 불교를 수용하면서 기존의 토속신앙의 기도처가 그대로 사찰로 바뀌었음을 상징하는 것은 아닐까?

그런 의미에서 그 스님들은 수천 년 동안 민족의식 깊이 뿌리내려 있던 토속신앙을 뛰어난 법력으로 불교 안에 끌어안은 분들이다.

한국불교의 특징 가운데 하나가 불교 안팎의 여러 이설을 서로 쳐내거나 배척하지 않고 원융회통하는 점이다. 오래된 사찰에 가면 대웅전보다도 산신각이 가장 명당이라는 곳에 자리하고 있는 걸 자주 보게 된다. 굴러 온 돌이 박힌 돌을 파내버리지 않고 그대로 인정하면서 공존한 사례다.

한국불교의 특징 가운데 하나가 마애불이다. 인도나 중국의 경우 자연 석굴 혹은 인공 석굴에 불보살상을 조성해서 예배하는 것이 특징이라면 한국은 일본에도 동남아나 티베트에서도 보이지 않는 노천의 바위에다 음각 혹은 양각으로 불보살상을 조성했다. 이 또한 이전부터 토속신앙의 기도 대상이 되었던 바위에 불교적인 색채를 얹어서 자연스럽게 불교로 끌어들인 방편이 아니었나 생각된다.

삼남 지방에 흩어져 있는 마을 미륵도 같은 이치다. 동네 어귀를 지키는 선돌이나 장승도 다듬어 불교 색채를 입히면 생긴 것은 어떻든 사람들은 '미륵당', '미륵댕이'라고 부르며 합장했다.

불교에서 기도란?

기도란 바라는 바를 성취하려는 수단이라는 본래 의미를 부정할 수 없다. 모세의 기도가 홍해 바다를 갈라지게 하고, 웅녀의 백일기도가 사람으로 태어나기 위한 수단이었듯이 말이다. 불교에서도 그럴까?

대승불교에는 여러 보살이 등장한다. 불멸 후 발생한 부파불교 시대와 비교할 때 대승불교는 위로 깨달음을 구하고 아래로는 중생을 구제하려는 '상구보리 하화중생'을 이상으로 삼는다. 대승불교와 함께 등장한 여러 불보살의 존재는, 자력으로 성불할 수 없는 하근기 중생에 대한 끊임없는 연민과 구제 원력을 전제로 성립하게 된다.

천 개의 눈과 손으로 중생의 고통을 살피고 어루만져 주겠다는 관세음보살, 명호를 열 번만 부르면 어떤 중생도 서방정토에 나게 하겠다는 아미타불, 지옥에 단 한 명의 중생이라도 남아 있다면 성불을 미루고 구제하겠다는 지장보살, 병든 중생 모두를 구제하겠다고 서원한 약사여래불 등 결국 보살의 존재는 대자대비의 실천이다.

대자대비는 상대를 그저 불쌍히 여기는 연민의 수준을 넘어 세상의 모든 고통을 통찰하는 원만구족한 지혜의 영역까지를 포함한 개념이다. 여러 보살이 각자의 서원을 세웠지만 결국 이 모든 서원의 본질은 대자대비에 다름 아니다. 사람들은 지극하고 간절한 기도를 통해서 여러 불보살의 원력을 자신의 것으로 만드는 것이다.

백팔번뇌라는 말이 있다. 중생의 번뇌가 108가지가 된다는 말이다. 중생의 눈·귀·코·입·몸·생각 등 여섯 가지 감각 기관이 각각의 대상인 빛·소리·냄새·맛·촉감 등을 접하면서 좋다·나쁘다·그저 그렇다는 세 가지 다른 견해를 일으키고 결국 견해는 18가지로 늘어나게 된다. 또한, 대상을 받아들이는 주체의 당시 상태가 괴로움[苦], 즐거움[樂], 괴로움도 즐거움도 아닌[捨] 것으로 나뉨에 따라서 18가지 번뇌를 더 갖게 되면서 이것을 합한 36가지 번뇌가 다시 각각 과거, 현재, 미래의 변화를 겪으며 3배로 늘어 108번뇌가 된다는 것이다.

불교에서의 기도는 이 백팔번뇌로 상징되는 육근과 육식의 작용으로 인한 오랜 업장을 녹이는 과정이다. 성철스님의 은사였던 동산스님께서는 입적하시기 전까지 하루도 108참회기도를 빠진 일이 없다고 한다. 동산스님뿐만 아니라 많은 선지식들이 기도 수행에 매진한 것을 볼 때 불교와 토속신앙의 원융회통처럼 수행과 기도가 하나로 굳어진 것이 한국불교의 또 다른 특징이 아닐까 싶다.

2013년 한겨울에

저자 쓰다

목 차

나한

나한은 석가모니부처님의 제자를 뜻한다. 중국에서는 살적(殺賊), 응공(應供), 응진(應眞)으로 번역해서 수행의 적인 번뇌를 죽여서 끊었다는 의미로 혹은 마땅히 인간과 천상의 공양을 받을 만한 수행력을 갖춘 자라거나 진리에 상응하는 자라는 뜻으로 해석했다. 남방불교에서는 수행의 궁극적인 목표를 이룬 사람을 아라한과(阿羅漢果)를 증득한 아라한이라고 여겼다.

우리나라에서는 대부분의 사찰에서 조석예불 시 올리는 예불문에 "영산 당시 수불부촉 십대 제자 십육성 오백성 독수성 내지 천이백 제대아라한 무량 자비성중"이라고 부처님이 영산회상에서 『법화경』을 설할 때 그 자리에 있었던 제자들을 통칭해서 귀의의 대상으로 삼고 있다.

일찍이 나한은 육신통(六神通)과 해탈법(解脫法) 등을 모두 갖추어서 중생의 소원을 속히 성취시켜 주는 복전(福田)이라고 여겨왔기 때문이다. 규모가 큰 사찰에서는 영산회상을 축소한 듯한 장엄으로 영산전(靈山殿)을 건립해서 이곳에 석가모니불과 십대 제자 또는 십육 나한, 오백나한을 봉안하기도 하고 규모가 작은 절에서도 나한전이나 응진전(應眞殿)을 따로 건립해서 십대 제자만 모신 사찰도 많다.

부처님의 상수 제자인 십대 제자는 지혜제일 사리불(舍利弗), 신통제일 목건련(目犍連), 두타제일 마하가섭(摩訶迦葉), 해공제일 수보리(須菩提), 설법제일 부루나(富樓那), 논의제일 가전연(迦旃延), 천안제일 아나율(阿那律), 지계제일 우바리(優婆離), 다문제일 아난다(阿難陀), 밀행제일 라후라(羅睺羅)를 가리킨다.

우리나라 기록에서 처음 나한이 등장한 것은 『삼국유사』이다. 수로왕이 도읍을 정한 뒤 "산천이 빼어나서 가히 십육나한이 살 만한 곳이다."라고 언급한 것이 처음이요, 통일신라시대 신문왕의 장자였던 보천태자가 오대산에서 수행할 때 북대에서 석가여래와 함께 오백 아라한이 나타났으며, 이를 그림으로 그려 나한당을 지어 모셨다는 기록이 두 번째다.

이로 미루어 볼 때, 통일신라시대에 이미 나한신앙이 싹트기 시작한 것으로 보인다. 이후 고려와 조선시대를 거치며 오백나한을 모시고 나한재(羅漢齋)를 모시는 일이 성행했다고 한다. 해주 숭산사, 삼각산 신혈사, 숭산 신호사, 신광사, 외제석원, 왕륜사, 보제사, 금신굴 등이 당시 나한기도 도량으로 왕실 차원의 나한재를 봉행한 곳이라고 하나 현재는 어디인지 알지 못한다.

현재까지 나한기도 도량으로 남아 있는 사찰은 조선시대 이후 민간의 영험담이 전해지는 사찰들이다. 그 가운데서 북한에 있는 안변 석왕사는 이성계가 근처 토굴에서 수행하고 있던 무학대사를 찾아가 처음 인연을 맺은 후 무학대사의 권유로 만든 나한기도처다.

완주 봉서사는 조선의 석가로 불리던 진묵대사가 머물던 곳이다. 살아 있는 석가모니부처님이니 나한은 진묵대사에게 있어 제자들이나 다름없었다. 하루는 관청의 재산을 빼돌리고 발각될 것을 두려워하는 지방 아전 하나가 봉서사로 찾아와 진묵대사에게 하소연했다. 진묵대사는 아전에게 나한재를 지내라고 하곤 나한전을 찾아가 나한상의 따귀를 차례로 때리면서 말했다.

"아전의 사정을 잘 봐주거라!"

그날 밤 아전의 꿈에 나한들이 나타나 "그런 일을 왜 우리에게 직접 말하지 않고 큰스님에게 고해서 우리를 괴롭게 만드느냐?"며 당장 아전이 처한 곤란을 해결해 주었다고 한다.

이와 유사한 이야기가 금강산 마하연의 고승 율봉스님의 일화에도 남아 있는데, 이는 수행 목적이 아라한과 증득에 있는 소승불교보다 우위에 있다는 대승불교 우월적인 태도에서 비롯된 것으로 보인다. 그러나 민간에서는 나한이 기도를 즉각적으로 들어준다고 생각하면서 나한기도가 많이 성행했다.

한편, 나한은 성격이 괴팍해서 사소한 일에도 화를 잘 내고, 기도하는 사람의 꼬투리를 잡아 안 들어주기도 잘한다고 해서 나한기도를 올리는 사람들은 각별히 몸가짐에 신경을 쓴다.

쉽게 따귀도 내 주고, 아이처럼 화도 잘 내고 인간보다 오히려 더 인간적인 모습이 나한이다. 은해사 거조암의 오백나한상을 하나하나 살펴보면 조는 모습, 웃는 모습, 우는 모습 등 인간의 500가지 표정이 다 담겨 있다. 그 많은 표정 가운데 지금 나의 모습을 발견해서 스스로 위안을 삼거나 반성하고 참회하라는 가르침이 거기에 담겨 있다.

나한기도처로 유명한 사찰은 안변 석왕사와 은해사 거조암, 완주 봉서사 외에 북한산 문수사, 의정부 학림사, 청량산 원등사, 봉화 청량사 응진전, 안동 광흥사, 안성 칠장사, 진주 성전암, 관악산 연주대, 금산사 나한전, 북한산 진관사, 옥천사 나한전, 기림사 나한전, 완주 송광사 나한전, 송추 석굴암, 포천 자재암, 영주 성혈사, 제천 강천사, 제천 고산사, 칠곡 도덕암, 군산 상주사, 거창 삼봉산 금봉암, 도봉산 망월사 등 전국에 걸쳐 수많은 사찰이 있다.

도둑도 어사도 끌어안은
일곱 나한의 가피

일곱 명의 토속화한 아라한

칠장사는 636년 자장율사가 창건했다고 전해진다. 이 기록이 정확하다면 자장율사께서 당에서 돌아와 처음 건립한 사찰이다. 이후 고려 현종 5년(1014년)에 혜소국사가 왕명으로 중건한 이래 이 절에 머물며 일곱 명의 도둑을 교화하여 출가시킴으로써 현재 나한전에 모셔진 주불과 일곱 나한의 주인공이 되었다.

혜소국사의 법명은 정현이다. 이곳 안성 태생으로 10세에 충회화상을 찾아가 출가하고, 17세에 영통사에서 융철화상에게 구족계를

수계한 후 28세에 이미 왕사로 모셔졌다. 왕명으로 칠장사를 중건
하고 말년에 여기에 머물다 문종 8년(1054년) 83세에 입적하여 시호
를 혜소라 했다.

혜소국사께서 칠장사에 처음 머물기 시작했을 때 칠장사는 폐사
와 다름없었고 교통의 요지인 안성 인근의 상인과 과객을 노리는 도
둑이 들끓는 도둑 소굴이었다고 한다. 여기에 스님 한 분이 와서 살
기 시작하니 도둑들은 갖은 위협과 회유로 쫓아 보내려 했지만 소용
없었다.

그러던 어느 날 도둑 중 하나가 밤에 물을 마시러 가니 물을 뜨는

바가지가 황금으로 되어 있더란다. 그래서 화들짝 놀라 아무도 모르게 들고 와서 숨겨 놓았는데, 다음 날 보면 일반 표주박으로 바뀌고 또 밤에 가면 황금 바가지가 있어 들고 오면 다음 날 본래대로 돌아가고, 그러길 며칠째 참다못해 다른 동료들에게 자신이 겪은 일을 토로하니 동료들도 모두 똑 같은 일을 겪었다고 말하며 아무래도 저 스님이 보통 스님이 아닌 것 같으니 저 스님께 출가하자고 해서 일곱 도둑 모두가 출가해서 성인이 되었다고 전한다.

현종 때 28세의 젊은 나이에 왕사가 되고, 문종 때 국사가 되었던 혜소국사는 입적 후 8년 뒤 문종의 넷째 아들이었던 대각국사 의천 스님이 이곳 칠장사를 방문해서 "공문공업허유동(空門功業許論同)

불가에서 쌓은 공과 업적이 부처님과 견주어 같다"라는 극찬의 말로써 스님의 업적을 기렸다고 전한다.

문제는 이 대각국사의 말에서 비롯된다. 일반적으로 나한전 혹은 영산전의 주불은 석가모니부처님이요 그 협시는 가섭과 아난존자를 비롯한 16명의 상수 제자가 모셔지는 것인데, 당시 왕자이자 해동 천태종을 중국에까지 드날린 큰 선지식께서 직접 와서 혜소국사께서 부처님과 견주어 동일하다고 선언했으니 따로 나한전이나 영산전을 불사해서 만들 필요가 없게 된 것이다.

당시까지만 해도 불사는 왕실이나 귀족들의 몫이었는데, 감히 아무도 불사를 할 의지를 내지 못하자 인근에서 혜소국사를 가장 가까이서 접했던 백성들이 불사비를 모아서 모시게 되니 현재 나한전에 모셔진 분들이 바로 그분들이다.

화순 운주사나 전국 마을 어귀 곳곳에 서 있는 마을 미륵은 모두 왕실이나 권문세가가 아닌 백성들의 솜씨로 거칠게 조각된 불보살들로서 모두 소박하고 정감 있는 모습과 표정이 특징이다. 칠장사 나한님들도 그런 모습이다. 처음엔 전각에 모시지도 못하고 수백 년 동안을 노천에 있었는데 공민왕 때 나옹화상이 이곳에 들렀을 때 나한들이 노천에서 눈비 맞고 있는 모습을 보고 안타까워하며 그늘이라도 만들어 드리겠다고 해서 심은 나무가 현재 나한전 뒤편에 심어진 600년 된 노송이다. 이 소나무는 보호수로 이름이 '나옹송'이다.

나옹 스님이 심었다는 나옹송과 나한전

임꺽정, 못다 이룬 꿈이 서린 곳

우연이라고 하기에는 부합하는 바가 너무 많고 필연이라 하기에는 신비롭기까지 한 얘기가 혜소국사가 머물던 당시로부터 정확히 500년 무렵 지난 시기 이곳에서 다시 벌어지니 바로 임꺽정을 비롯한 의적 일곱 명이 칠장사에 머물던 숨은 도인 병해대사를 만나면서 다시 시작된다.

병해대사는 백정 출신으로 가죽신을 삼으며 칠장사에 주석했던 스님으로 임꺽정과 이봉학, 박유복, 배돌적, 황천왕동, 곽오주, 길막봉 등 일곱 명의 도적에게 가르침을 전해 단순히 길가는 장사치를 협박해서 물건을 뺏곤 하던 그들에게 서민을 돕고 사회 전반을 변혁하는 명분을 심어줬던 분이다.

홍명희의 소설에서는 병해대사께서 입적하기 전 임꺽정에게 준 시가 소개되어 있다. 본래 두보의 「세병마행(洗兵馬行)」이라는 시를 두 번째 행 '만국(萬國)'을 '구월(九月)'로 바꾼 작품이다.

삼 년 피리 소리 속에서 달을 보네(三年笛裏關山月)
구월의 병사 앞에 초목이 바람에 날리고(九月兵前草木風)
부상 나무의 서쪽 가지는 벼랑을 봉쇄한다(扶桑西枝封斷石)
천자의 깃발이 눈 안에 있다(天子旌旗在眼中)

부상 나무는 중국 전설에 나오는 동쪽 바다 속에서 자란다는 상
상의 나무다. 즉, 삼 년 동안의 병화 속에서 가만히 살펴보니 구월
의 병사(임꺽정 측) 앞에 초목이 바람에 날리고, 벼랑을 봉쇄할 만큼
먼 상상 속의 세계가 도래했음을 알리는 예언이다. 결국 임꺽정은
삼 년 동안 구월산을 은거로 도모해도
실패할지언정 임박한 시대의 흐름은
막지 못한다는 낙관이 짙게 깔려 있는
시이다.

임꺽정이 병해대사에게 가르침
을 받고 직접 나무를 깎아 조성
했다는 꺽정불

임꺽정은 병해대사의 입적과 더불어
나머지 여섯 명의 동료와 함께 팔뚝을
칼로 긋고 피를 흘리며 의형제를 맺고
직접 불상을 하나 조성하는데 이것이

24

현재 칠장사 사찰박물관이라 할 수 있는 홍제관에 모셔진 '꺽정불'이다. 충북대 연구팀에 의하면 불상 아랫부분 삼베조각에 '봉안 임거정'이라 쓰여진 글자를 연대측정한 결과 실제 임꺽정이 활동했던 1540년 즈음에 조성된 불상이라는 결론을 얻었다고 한다. 중품하생인을 한 아미타불로 극락정토를 발원하며 자신의 모습을 본 따 만들었을 것으로 추측하고 있다.

칠장사 나한전의 영험

칠장사 나한의 영험담은 오랜 시간 지나면서 구전되어 온다. 그 가운데 가장 잘 알려진 이야기는 어사 박문수의 「몽중등과시(夢中登科詩)」이다.

천안이 고향이었던 박문수는 수차례 과거에서 낙방했지만 실망하지 않고 계속 공부에 열중하는 한편, 돈독한 불심으로 불전에 기도하는 일도 게을리 하지 않았다. 부모님이 백일기도 중에 문수보살을 친견하여 낳은 자식이기에 이름도 '문수'라고 지었을 만큼 돈독한 신심을 간직했던 박문수는 다시 과거에 응시하기 위해 서울로 향하던 중 칠장사에서 하룻밤을 보내게 되었다.

어머니가 싸준 유과를 정성스럽게 나한전에 올리고 기도한 후 잠든 박문수의 꿈에 낮에 봤던 나한님 가운데 한 분이 와서 종이에 시를 적어보이며 잘 외워두되 마지막 한 구는 스스로 생각해서 채우라

나한전 내부 나한들

고 알려줬다고 한다. 너무도 또렷하게 기억이 남는 꿈이어서 시험
장에 나가 일필휘지로 적고 마지막 한 구절은 마치 나한의 가피를
받은 자신의 처지처럼 흥겹게 마무리해서 제출하니 장원으로 급제
하게 되었다.

뱉어낸 듯 붉은 해가 푸른 산에 걸려 있고
기러기는 자로 잰 듯 흰 구름 사이로 사라지네.
나루를 찾는 나그네 발걸음은 응당 급히 재촉하고
절로 돌아가는 스님의 지팡이는 한가롭지 않네.
초원에서 풀 뜯는 소 허리 가운데 그림자띠 둘렀고
댓돌 위에 서방 기다리는 아낙의 쪽진 머리 뒤로 처지네.

고목으로 저녁 짓는 남쪽 마을에 푸른 연기가 올라가고

나무하는 초동은 즐거운 듯 풀피리를 불고 있다.

박문수는 이 「몽중등과시」로 장원급제한 후 가장 기억에 남는 어사가 되어 아직도 세간에 널리 구전되고 있다. 또한, 칠장사 나한전에는 학업 성취를 바라는 학부모님들이 평일에도 끊이지 않고 찾아오는데, 올 때 꼭 과자봉지를 하나 둘 들고 온다고 한다.

두 번째 이야기는 임진왜란 때 일이다. 당시 조선을 침략했던 일본 장수 가운데 가토 기요마사는 안성 일대를 지나면서 수탈과 노략질로 백성의 원성을 많이 샀던 인물이었다. 기요마사가 칠장사에 이르러 법당을 침탈하고 공양물을 수탈해가려 할 때 한 고승이 나타나 왜장을 엄하게 꾸짖었다고 한다. 이에 격분한 기요마사가 칼로 고승을 치니 고승은 간데없고 거기에 나한전 앞에 서 있던 혜소국사의 비가 두 동강 난 채 놓여 있었다고 전한다. 혼비백산한 기요마사는 뒤도 안 돌아보고 달아났고, 현재 나한전 앞 보호각 안에 모셔진 혜소국사비는 대각선으로 길게 동강이 난 곳을 이어붙인 모습으로 서 있다.

칠장사에 있는 혜소국사비. 일본군이 칼로 내리쳐 사선으로 금이 갔다

아
미
타
불

　　불교는 자력신앙이라고 부른다. 여타 종교가 절대자
인 신에 의지함으로써만 미약하고 부족한 '나'를 완성할 수 있다고
보는 데 반해서 불교는 개인의 수행으로 깨달음을 이루면 부처가 될
수 있다고 보기 때문이다.

　　그렇다면 이런 전제를 바탕에 깔고 볼 때, 나무아미타불 명호 열
번만 불러도 서방정토에 태어난다는 정토신앙은 어떻게 봐야 할까?

　　불교에서의 정토는 이 세계의 서쪽에 위치한다는 이상적인 세계,
즉 청정불국토이다. 그곳은 황금이나 칠보로 꾸며져 부족함이 없을
뿐만 아니라 마음만 먹으면 되지 않는 것이 없고, 모든 유혹과 번뇌
가 끊어진 곳이다. 그 서방정토에 계신 아미타부처님은 무량한 수명
과 광명(光明)을 가진 부처라는 뜻으로, 현겁에서 10겁 이전에 국왕

의 신분을 버리고 출가했던 법장비구가 48가지 큰 서원을 세우고 가지가지 보살행을 실천해서 마침내 성도함으로써 되신 부처님이다.

이 아미타부처님의 48가지 큰 서원 가운데 "시방중생(十方衆生)이 지심(至心)으로 신락(信樂)하여 내 나라에 태어나고자 하면 오직 10념(念)만 하되, 10념으로 만일 태어나지 못한다면 나는 정각(正覺)을 이루지 않겠다."고 한 18번째 서원에 주목해 볼 필요가 있다.

대승불교의 불보살님들 대부분이 그렇듯이 자신이 깨달음을 이루려는 자리적(自理的) 수행과 더불어 남에게도 깨달음에 이르게 하려는 이타적(利他的)인 실천을 강조했다. 지극한 이타행도 또한 깨달음에 이르는 또 다른 방법임을 제시한 것이다.

부처님의 본원력이란 부처님께서 깨달음을 얻기 위해 세웠던 원력을 말한다. 대원본존이라 칭하는 지장보살님의 본원은 지옥에 단한 명의 중생이라도 고통 받고 있다면 성불하지 않겠다는 투철한 원력을 말한다. 마찬가지로 아미타부처님의 본원이란 법장비구가 깨달음을 얻기 위해 세웠던 48가지 서원을 말한다.

명호를 열 번만 부르면 서방정토에 태어난다는 말은 불법과의 만남이 그만큼 소중하다는 의미가 아닐까? 열 번이냐 백 번이냐는 중요하지 않은데 자꾸 '열 번'에 끄달리는 사람들이 정작 따라 배워야할 것은 감히 누구도 꿈꿔보지 못했던 스케일의 이상향을 그리며 그런 이상향이 나와 내 이웃들이 함께 누릴 현실로 다가오기를 간절히기원했던 여러 불보살님들의 본원력일 것이다.

우리나라의 미타신앙은 일반 서민들이 불교에 접할 무렵부터 함께 퍼져나가기 시작했다. 『삼국유사』에는 이런 시대상을 반영해서 여종이었던 욱면, 짚신을 삼아 생계를 이었던 광덕, 처자와 더불어 생업에 종사했다던 달달박박 등 일반 서민층에서 극락왕생했다는 이야기가 많이 소개되었다. 또한 같은 시기 고성 건봉사에는 만일 염불회 회향일에 31명의 비구와 더불어 2명의 공양주도 왕생극락했음을 기념해서 등공대라는 산마루에 부도탑이 남겨져 있기도 하다.

미타신앙이 서민층에 널리 퍼진 것은 당연한 일이다. 글을 모르던 서민들에게 미타신앙의 염불수행은 마음을 한 곳에 집중하고 몰입할 수 있는 아주 유효적절한 방법론이었다.

통일신라시대를 거치며 화엄종주였던 의상대사께서 창건한 부석사마저도 주존을 아미타불로, 불전을 무량수전으로 세울 만큼 미타신앙은 널리 퍼져 나갔으며, 이후 고려시대에도 이런 추세는 잦아들지 않았다. 오히려 선불교의 큰스님들도 염불과 참선이 둘이 아님을 주장하는 글을 남겼는데, 보조지눌은 "일념진각(一念眞覺)은 돈오(頓悟)요 십종염불(十宗念佛)은 점수(漸修)다."라고 하며 선정일여(禪淨一如)를 주장했고, 태고보우나 나옹혜근, 원묘요세 등 고려시대를 대표하는 수좌 스님들 모두가 염불과 참선 수행을 함께 닦을 것을 권했다.

조선시대에도 허응당 보우스님은 염불을 권하는 『권염요록(勸念要錄)』이란 책을 쓰기도 했으며, 서산대사도 「염불문(念佛文)」이라는 글을 남기고 "원하옵건대 제가 임종할 때 죄업의 장애를 없애고 아미타 불의 금색 광명 속으로 나아가서 수기(授記)를 얻사옵고, 미래세가 다 할 때까지 중생을 건지겠나이다."라는 발문(跋文)을 짓기도 하였다.

아미타부처님은 현재에도 관음보살 지장보살과 더불어 3대 기도 대상이라고 불릴 만큼 많은 사찰에서 모시고 있는 부처님이다. 극 락전, 무량수전, 미타전 등의 전각을 따로 둔 곳은 물론이요 대웅전 에도 석가모니부처님 대신 아미타부처님을 모신 곳도 있다.

그 많은 아미타기도처 가운데 특별히 이름난 곳들이 있으니 고성 건봉사나 도봉산 망월사 그리고 강진 백련사 등이다. 고성 건봉사 는 경덕왕 17년(758년) 우리나라에서 최초로 염불만일회를 개최한 이래 구한말까지 수차례 염불만일회를 개최한 아미타도량이나 한 국 전쟁 당시 일주문을 제외한 모든 전각이 불에 타 현재는 아직 극 락전이 중수되지 못하고 있다. 다만 명부전 옆 산길로 20여 분 올라 가면 등공탑비가 남아 있어 그곳에서 31명의 스님이 극락왕생했다 는 기록(782년)이 남아 있다.

도봉산 망월사도 염불만일회를 개최했다는 기록이 남아 있는 아 미타기도 성지이고, 강진 백련사는 고려 말 염불선을 주창했던 원 묘요세가 머물며 백련결사를 했던 미타도량이다. 이 밖에도 아미타 제일기도 도량이라 부르는 부여 무량사, 서산 해월사, 천안 각원사, 양산 천성산 미타암 등이 미타기도의 성지들이다.

아미타기도 도량 **부여 무량사**

내 나라에 태어나고자 하면
오직 10념만 하라!

　부여 무량사라지만 사실은 보령이나 청양에 가까운 곳이 무량사가 자리한 외산면 만수산 자락이다. 충청남도는 속리산에서 갈래져서 안성까지 치닫다가 천안 아산 홍성 보령으로 내려가는 호서정맥을 따라 크게 두 지역으로 나뉜다.

　활처럼 휜 호서정맥의 산줄기 동남쪽 공주 부여 연기 등지는 금강권역이요, 호서정맥의 북서쪽 서산 당진 홍성 예산 보령 등은 내포권역이다. 이 두 지역을 나누는 호서정맥은 평균 높이가 500m도 안 되는 낮은 산줄기지만 골짜기마다 나름 깊은 산중의 맛을 품고 있다.

천안 광덕산이나 청양 칠갑산 자락 그리고 보령의 성주산 주변이 그렇다. 특히 성주산 주변은 속리산에서부터 북동진하던 호서정맥이 안성 칠현사에서 꺾여서 남서진하다가 다시 한 번 급하게 꺾여서 홍성과 서산으로 치고 올라가는 지점에서 산세가 중첩되어 뭉쳐진 자리다.

무량사가 자리 잡은 만수산도 이렇게 산세가 뭉쳐진 성주산의 한 자락이다. 부여 무량사는 신라 문무왕 때 범일국사가 창건했다고 전한다. 범일국사는 구산선문 가운데 가장 큰 규모를 자랑하는 강릉 사굴산문을 개창한 스님으로 주로 강릉 인근의 여러 사찰을 창건한 스님이다.

그 스님이 이곳에 절을 창건한 것은 아마도 중국 유학을 갔다 오면서 봐 두었던 터에 인연에 따라 창건한 것이 아닐까 싶다. 마치 영주 부석사를 창건한 의상대사가 서산의 부석사를 창건한 것처럼….

인근 성주산 아래 성주산문을 개창한 무염국사도 이곳 무량사를 중건했다는 기록이 있는데, 최초 개창 당시에는 중국으로 유학을 갔다 오는 선승들이 묵던 선찰이었을 가능성이 높은 것으로 보인다. 임진왜란 때 왜군에 의해 전소됐으나 인조 때 진묵대사가 중창했고, 1872년 원열화상에 의해 중건되어 현재에 이른다.

부여와 보령, 청양으로 각기 향하는 세 갈래 길이 만나는 곳이 외산면 소재지다. 이 외산면 삼거리에서 북동쪽으로 난 소로 길로 접어들어 1Km 남짓 골짜기로 들어서면 무량사가 나온다. 잘 닦여진 주차장을 지나 두어 곳 늘어선 음식점도 지나면 바로 무량사 일주문이 보이고, 일주문을 들어서면 완만하게 감싸 안은 만수산 자락이 움푹한 분지를 만들어 놓은 곳에 무량사가 자리하고 있다.

중국의 전탑, 일본의 목탑, 우리의 석탑

수량이 적지 않은 시냇물을 건너 굽이진 길을 돌아서면 천왕문이 보이고 그 안으로 줄지어 선 석등과 석탑, 그리고 극락보전이 나란히 보인다. 각기 제233호, 제185호, 제356호로 지정된 보물들이어서 천왕문 안으로 한 풍경 속에 보물 세 개가 담기는 진풍경을 감상할 수 있다.

이 가운데 보물 제185호인 오층석탑은 부여 정림사지석탑을 축소해 놓은 것처럼 모양을 그대로 빼닮았다. 우리나라 탑은 삼국시대 처음 만들어지기 시작했다. 처음에는 목탑을 만들다가 나중에 석탑으로 바뀌었으며, 옛 가야의 영토였던 낙동강 유역 일부 지방에서는 전탑이나 모전탑이 만들어져 현재까지 남아 있기도 하다.

보물 제233호, 제185호, 제356호인 석등과 석탑, 극락보전이 한눈에 들어온다

아미타기도 도량 부여 무량사

처음에는 삼국이 각기 특징적인 자기들만의 양식으로 탑을 세웠는데, 백제는 익산의 미륵사탑처럼 목탑 양식을 간직하고 있는 거대한 탑으로 시작해서 옥개석이 평평하고 안정감이 느껴지는 정림사탑으로 완성되었고, 정림사탑은 백제계 탑의 전형으로 매겨지게 된다. 신라 역시 목탑 양식이 남아 있는 분황사탑으로 시작해서 감은사지 삼층석탑과 불국사 석가탑으로 완성시켜서 이후 석가탑은 신라뿐만 아니라 우리나라 전체 석탑의 전형을 이루게 된다.

삼국 가운데 고구려는 남아 있는 탑도 없거니와 탑을 세웠다는 기록도 거의 없는데, 그나마 『고승전』 보덕화상 조에 "(보덕화상이) 성 서쪽 대보산 바위굴에 이르러 참선하고 있었다. 이때 신인(神人)이 와서 청하기를 '이곳에 와서 사는 것이 좋겠다' 하니 화상이 석장(錫杖)을 앞에 세우고 땅을 가리키면서 '이 속에 8각으로 된 칠층석탑이 있을 것이다.' 하므로 땅을 파니 과연 그러했다. 이에 그곳에 절을 세우고 이름을 영탑사라 했다."는 기록이 보인다.

고려가 후삼국을 통일하고 옛 백제 땅과 고구려 땅의 민심을 수습하기 위해 절을 세우면서 한때 일시적으로 이미 통일 단계에 들어선 신라 양식 외에 옛 백제나 고구려 양식의 석탑 건립을 허용했는데, 무량사 오층석탑도 이 시기에 만들어진 것으로 짐작된다. 고려시대 백제계 탑으로 남아 있는 것이 이곳 무량사 외에도 부여 장하리 삼층석탑, 곡성 가곡리 오층석탑, 익산 왕궁리 오층석탑 등이 있다.

고구려는 위에 인용한 기록으로 미루어 볼 때, 8각 다층탑의 특징을 간직했을 것으로 보이는데, 앞서 말한 고려 초기 지방 양식이 허용되었을 당시 세워진 탑들이 월정사 8각9층탑이나 묘향산 보현사 8각13층탑 등이 남아 있어 고구려 양식을 짐작할 수 있을 뿐이다.

흔히들 중국은 전탑의 나라, 일본은 목탑의 나라 그리고 우리나라는 석탑의 나라라고 한다. 현재 세 나라 각기 남아 있는 탑들이 그렇다는 이야기다. 세 나라 모두 처음에는 목탑에서 시작했으나 유독 전란이 많았던 중국은 화재에 취약한 나무 대신 점차 벽돌을 구워 탑을 만드는 전통이 자리 잡게 되었고, 우리나라는 특유의 화강암을 떡 주무르듯이 잘 다듬는 전통을 살려 석탑을 많이 만들었으며, 일본은 외적의 침략이 없이 처음 그대로의 전통을 고수해서 목탑이 많이 남아 있게 된 것이라 한다.

무량사 중건주 진묵대사

오층석탑 뒤편에 자리 잡은 극락전은 밖에서 볼 때는 2층이지만 안에서 볼 때는 하나로 터진 목조 건축이다. 금산사 미륵전과 같은 양식인데, 조선 중기 옛 백제 땅이었던 지역에서 이런 양식의 건물이 종종 발견된다. 이는 불상의 규모가 커지면서 기존의 단층 건물에 모실 수 없게 되면서 목조 가구를 2층, 혹은 3층으로 높여서 거대한 불상을 모시기 위해 고안해 낸 것으로 보인다.

인조 당시 중창에 얽힌 이야기가 전한다. 무량사 스님들은 극락
전을 만들고 안에 동양에서 가장 큰 아미타 좌불을 모신 후 점안식
때 당시 '조선의 석가'라고 명성이 자자했던 진묵스님을 증명법사
로 모시려고 완주 봉서사를 찾아갔다. 그런데 무량사 부처님 점안
식 날 마침 완주 송광사에서도 불상을 새로 조성하여 모시고 점안식
을 한다고 진묵스님을 초청하러 와 있었다고 한다.

진묵스님은 어디 한 군데로 갈 수 없으니 송광사에는 주장자를, 무
량사에는 단주를 보내서 당일 법상에 올려놓고 점안법회를 하라고
일렀다. 점안식 당일 무량사와 송광사는 각기 법상 위에 단주와 주장

자를 올려놓고 점안법회를 시작했다. 이윽고 법사스님을 청해서 법문을 듣는 순서에 이르자 놀랍게도 송광사에는 주장자가 벌떡 일어나고 무량사에는 단주가 저절로 돌아가는 이적을 보였다고 한다.

아마도 수많은 이적을 남긴 진묵스님과의 이 인연담을 매개로 아미타기도 도량으로서의 무량사는 그 위상이 더 공고해졌는지도 모르겠다.

동양 최대 극락전 바로 옆 우화궁은 진묵스님의 호방한 기운이 느껴지는 시를 주련으로 써서 내려 달았다.

> 하늘을 이불로 땅을 자리로 산을 베개로(天衾地席 山爲枕)
> 달을 촛불로 구름을 병풍으로 바다를 술잔으로 삼아(月燭雲屛 海作樽)
> 크게 취해서 거연하게 일어나 춤을 추니(大醉遽然 仍起舞)
> 긴 소매가 곤륜산에 걸릴까 두렵도다(却嫌長袖 掛崑崙)

오세, 설잠, 매월당 - 김시습

다섯 살에 각종 경전에 달통해서 세종 임금 앞에 불려가 장래에 꼭 중용하겠다는 약속까지 받았던 천재 김시습은 59세의 이른 나이에 이곳 무량사에서 생을 마감한다. 스물한 살 때 과거공부를 하던 김시습은 단종이 폐위되고 수양대군이 왕이 되자 바로 삼각산 중흥사에서 머리를 삭발하고 출가하여 법호를 설잠이라 했다.

설잠 김시습의 부도

이후 철원의 매월대에서 여덟 명의 동지를 규합해서 단종 복위를 도모했지만 오히려 성삼문 등 사육신이 광화문 네거리에서 거열형(車裂刑)을 당하자 갈기갈기 찢긴 시신을 수습해서 노량진 언덕에 묻어주고는 바로 만주와 강원도, 호남과 경주 일원 등 전국을 방랑하는 원정길에 올랐다. 47세에 일시 환속해서 머리를 기르고 혼인도 했지만 오래지 않아 다시 들어간 곳이 바로 무량사다.

김시습은 평생 2천여 편의 시와 최초의 한문소설로 알려진『금오신화』를 쓴 대 문장가이다. 하루는 방랑 중에 지기인 김수온을 만났다고 한다. 김수온은 스님 복장을 한 김시습을 보고 유(儒)를 버리고 묵(墨)으로 돌아간 까닭을 물었다.

이에 김시습은 마음을 기를 유일한 방도가 불교에 있으며, 유교는 성현들의 찌꺼기나 뒤적거리는 일이라고 비하했다.

길은 달라도 마음은 한 가지(岐路誰殊只養心)
마음 기를 방도를 달리 찾을 게 없네(養心不必挽他心)

다만 일상의 일에서 아무런 장애 없을 일(但於事上渾無碍)

성현의 찌꺼기(경서)를 뒤질 게 무언가(粗粗何須歷歷心)

또한, 방랑 중에 서울을 들른 김시습이 서강의 한 정자에 걸린 한
명회의 시를 보고 글자 두 자를 고쳐 조롱했다는 얘기가 전한다.

젊어서는 사직을 붙잡고(青春扶社稷)

늙어서는 강호에 묻힌다(白首臥江湖)

나름 한 시대를 풍미한 노회한 정략가 한명회의 호연지기가 엿보
이는 시인데, 김시습은 '부(扶)'를 '망(亡)'으로 '와(臥)'를 '오(汚)'자

무량사 영산전

로 고침으로써 "젊어서는 사직을 망치고 늙어서는 강호를 더럽힌
다"고 호되게 풍자했다.

　무량사 영산전 편액은 세조의 글씨로 전해진다. 그런데 수년 전
까지 같은 건물의 주련으로 있었던 아래의 시는 누가 썼는지 전해지
지 않았는데 아마도 내용을 볼 때나 서체를 보아서도 김시습의 글씨
일 가능성이 높다. 지금은 다른 글씨로 바꾸어 달았는데 만약 아직
까지 옛 주련이 달려 있었다면 한 건물에 세조와 김시습의 글씨가
함께 공존하는 아이러니가 무량사에 존재할 뻔했다. 예전 주련에는
다음과 같은 글이 써 있었다.

앎은 대각 속에서 나오는데(知生大覺中)

세상에 나오면 모두 흘러 사라져 버리네(有漏微塵國)

대개 앎에 의지하는 것은(皆依知所生)

바다에 일렁이는 물결 같아서(如海一漫發)

원래 사라지고 없거늘(溝滅空本無)

하물며 유불선을 다시 말할까(況復諸三有)

　다섯 살에 임금 앞에 불려갈 만큼 세상이 알아주는 천재요, 전국 곳곳을 돌아다니며 수천 편의 글을 써서 남긴 문장가이며, 유불선 모두에 달통한 사상가였지만 결국 김시습은 자신의 표현처럼 수없이 밀려왔다 부서져 버린 물결처럼 본래 텅 빈 도리 속으로 갔다. 이곳 무량수불이 주석하신 만수산 자락 무량사에서….

나 죽은 뒤 내 무덤에 뭐라 쓰려거든

꿈꾸다 죽은 늙은이라 써 준다면

내 마음 잘 이해했다고 할 것이니

지금 품은 뜻 천 년 뒤에 뉘 알런가.

약사여래불

　　　약사여래는 동방의 이상향인 정유리세계(淨瑠璃世界)에 머무는 부처님이다. 중생을 교화하기 위하여 질병으로부터의 구제와 고난으로부터의 해탈 그리고 행복과 즐거움 등을 중생에게 베풀기 위한 열두 가지 커다란 원력을 세운 분이다.

　이렇듯 기도의 대상이 되는 분들은 모두 커다란 원력을 전제로 한다. 아미타부처님의 48대원이나 지장보살의 본원처럼…. 그 가운데서도 약사여래부처님의 이 열두 가지 대원력은 중생들 입장에서 볼 때 아주 솔깃할 만한 현세적인 이익을 담고 있는데, 문제는 이런 현세적 이익은 수천 년이 지나 산업문명의 발달로 인류사상 가장 풍족하다는 현세 인류에게도 아직 가슴에 와 닿는 절절한 과제들로 남아 있다는 점이다.

약사여래 12대원

1. 내 몸에서 나오는 빛으로 모든 중생이 나와 똑같이 되게 하리라.
2. 내 빛을 보는 이들이 모두 바르고 원만한 깨달음을 얻고 모든 일을 뜻대로 이루게 하리라.
3. 한량없는 지혜와 방편으로 모든 중생이 필요로 하는 것들을 모자람 없이 얻게 하리라.
4. 그릇된 길을 걷는 이들이 모두 깨달음의 바른길을 가도록 하고, 모든 수행자가 대승의 길에 올곧게 가게 하리라.
5. 중생이 계율을 깨뜨려 나쁜 길에 빠지지 않게 하리라.
6. 장애나 온갖 병고에 시달리는 이들이 모두 단정해지고 모든 병고에서 벗어나게 하리라.
7. 온갖 병에 시달리면서도 의지할 데 없고 약도 구할 수 없는 가난한 이들의 모든 병이 사라지고 살림이 풍족하게 하리라.
8. 여인들이 여인이기 때문에 받는 온갖 고통에서 벗어나 성불할 수 있게 하리라.
9. 모든 중생이 악마의 그물과 이교도의 속박에서 벗어나 올바른 견해를 갖게 하리라.
10. 나라의 법을 어겨 묶이고 갇혀 처형당하게 된 자들이 고통에서 벗어나게 하리라.
11. 굶주림과 목마름에 시달려 나쁜 일을 저지르는 이들을 배부르게 한 후, 진리의 맛으로 궁극적인 안락을 맛보게 하리라.
12. 추위와 더위, 모기, 파리 따위에 시달리는 가난한 이웃에게 원하는 것을 모두 주리라.

우리나라에서 약사신앙이 처음 문헌에 보인 것은 『삼국유사』에서부터다. 『삼국유사』 「사불산조」에 보면 "진평왕 9년(587년) 죽령 동쪽 1백 리 떨어진 곳에 산이 솟아 있는데 이곳에 사방이 방장만한

돌이 하늘에서 뚝 떨어졌는데 사면에 여래가 새겨졌다."고 전한다. 문경 사불산 대승사의 창건 유래가 된 이 설화에서처럼 이후 신라시대에는 동쪽엔 약사여래, 서쪽엔 아미타불, 남쪽엔 미륵불, 북쪽엔 석가모니불이 새겨진 사면불신앙이 뿌리를 내렸는데 이 사면불신앙의 핵심은 약사신앙이다.

약사부처님이 머무는 동방은 동국(東國), 즉 우리나라로 받아들여졌다. 서방정토도 따로 있는 것이 아니요 지금 우리가 발 딛고 있는 이 땅이 바로 극락정토라 했거늘 본래 동방인 유리광세계임에랴. 8세기 통일신라 경덕왕 대에는 동방 유리광세계가 이 땅에서 현현(顯現)하기를 염원하는 이 같은 약사신앙이 널리 퍼져나가서 경주 남산 칠불암의 사면불이나 백률사 청동 약사여래, 굴불사지 사면석불, 경주경찰서 사방불석탑 등 직접적으로 약사부처님을 새긴 유물은 물론 탑신에 약사여래의 권속인 사천왕이나 팔부신중, 12지신을 새긴 수많은 석탑과 무덤을 볼 수 있다.

대표적인 약사도량으로는 팔공산의 갓바위와 청양 칠갑산 장곡사, 남양주 흥국사, 북한산 승가사, 봉화 청량사, 완주 송광사 등이며, 경주 사천왕사처럼 약사부처님의 권속인 사천왕이 신앙의 대상이 된 예도 있고, 김유신 장군의 묘처럼 둘레에 12지신을 새겨 약사부처님의 가피를 상징하기도 한 예도 있다.

이 가운데 팔공산 갓바위는 근래 우리나라를 대표하는 기도처로 연중 기도객들의 발길이 끊이지 않는 곳으로 유명하다. 원광법사의 수제자였던 의현스님이 신라 선덕여왕 7년(638년)에 어머니의 명복을 빌기 위해 조성한 것으로만 전해질 뿐 이렇다 할 설화나 영험담이 남아 있지 않다.

청양의 칠갑사는 대웅전이 두 개 있는 절로 유명하다. 상대웅전은 우리나라에 몇 남지 않은 조선 전기의 건축물로 옛 양식 그대로 대웅전 내부에 마룻바닥이 아닌 전돌이 깔려 있다. 이곳에 통일신라시대에 조성된 석조약사여래불이 모셔져 있고, 하대웅전에도 고려시대에 모셔진 잘 생긴 금동약사여래불이 모셔져 있다. 두 곳 모두 약사여래가 주불이면서 유리광전이나 약사전이라 이름 붙이지 않고 대웅전으로 부르는 것이 특징이다.

남양주 흥국사는 아주 구체적인 영험담이 남아 있는 절이다. 정릉에 있는 봉국사는 본래 절 이름이 약사절이라고 할 만큼 약사기도처로 이름이 났던 절이었다. 기도만 하면 온갖 병이 낫는다는 소문으로 전국의 신도들이 구름처럼 모여들자 잠시도 쉴 겨를이 없었던 이 절 스님들이 모여 앉아 불만을 토로했다.

"아이고 저 부처님 때문에 도무지 쉴 새가 없구만."

다음 날 법당에 모셔진 약사여래불이 사라져 버렸다. 대중이 찾아나서 발견한 곳이 동구 밖 개천가였다. 스님들이 다시 법당에 모시고자 힘을 모아 번쩍 들려고 했지만 약사불은 꼼짝을 하지 않았다. 대중은 참회하고 전국의 사찰을 하나하나 대면서 어디로 모실 까를 약사불께 물었다. 전국 유수의 절 이름을 대도 꼼짝도 안하던 약사불이 남양주 흥국사 이름을 대자 마침내 움직였고, 현재 흥국사 만월보전에 모셔지게 되었다.

조선 후기 흥국사 약사불과 관련한 설화가 널리 퍼졌던지 흥선대원군은 만월보전과 영산전의 주련을 직접 쓰고 승방인 대방에 '흥국사' 편액도 직접 써서 내렸다. 흥국사 대방은 10·27 법난 당시 신군부에 의해 전국에서 끌려왔던 스님들이 지내던 곳이다.

도솔천과 야마천에서 부처님을 맞았는데(兜率夜摩迎善逝)

수미산과 타화천에서도 여래를 뵙네(須彌他化見如來)

같은 시각 같은 기회, 이와같이 만났으니(同時同會皆如此)

달빛이 천강에 비친 뜻 의심할 수 없어라(月印千江不可猜)

흥선대원군이 영산전 기둥에 쓴 『석문의범(釋門儀範)』의 한 구절이다.

약사기도 도량 **창녕 관룡사**

화마도 피해간 우리나라 최초의
약사기도처

우리나라 최초의 약사기도처

관룡사는 창건 연대가 불분명하다. 혹자는 원효스님께서 1천여 대중을 거느리며 머물면서 『화엄경』을 설했던 7세기경을 꼽기도 하고, 또 다른 이는 진평왕 5년(583년) 증법(證法)스님이 중창했다는 기록을 근거로 이때를 창건 연대로 보기도 하지만, 조선시대 영조 9년 (1733년) 평해 군수였던 신유한이 관룡사의 학령스님과 명학스님의 권유로 쓴 「사적기」에 따르면, 증법스님이 중창했던 때로부터 230여 년이 앞선 시기에 관룡사 약사전을 만들었다는 기록이 있어 절의

관룡사 약사전

창건은 적어도 349년경으로 올라간다.

신유한의 「사적기」에는 임진왜란 때 불탄 관룡사를 지나가던 영운(靈雲)장로가 보고, "이상하도다! 이 절이 화재를 입은 것은 깃털하나가 화로 속에서 재가 되는 것과 같아 수습할 것이 없는데, 유독약사전 하나만은 아무 피해를 입지 않고 처마 끝에 불길이 살짝 닿았던 흔적만 있구나. 이는 약사전에 령(靈)이 있기 때문이다."라고하자 대중들이 기뻐하며 불길이 닿았던 처마 끝을 보수하려고 해체하니 들보 끝의 나무가 겹쳐진 곳에서 '영화 5년 기유(永和5年己酉)'라는 글자가 나왔다고 한다.

'영화(永和)'는 중국 동진(東晉)의 목제(穆帝) 때 연호로 영화 5년은349년을 뜻하니 고구려 소수림왕 2년, 고구려가 삼국 가운데 최초

로 불교를 공인했을 때(372년)보다 무려 23년이 앞선다. 관룡사 「사적기」 가운데 바로 이 대목에서 약사전에 대한 외경심이 일게 되고, 관룡사가 대표적인 약사기도 도량으로 자리 잡게 된 것이 아닌가 여겨진다.

그런데 고구려가 불교를 받아들이기 전에 남쪽에 불교가 이미 들어와 있었다는 얘기는 종종 학자들 가운데서도 제기된다. 이것이 가능한 근거가 바로 가야의 건국설화와 관계된 남방불교 전래설인데, 기원 전후에 건국한 가야는 건국과 더불어 이미 불교국가였고 왕비였던 허왕후의 오라비였던 장유화상이 일곱 왕자를 출가시켜 우리 땅 최초의 스님이 되었다는 이야기다.

이곳 창녕은 4세기 당시로서는 가야의 영토였다. 김해의 금관가야나 고령의 대가야만큼 강성하지는 않았지만 화왕산 아래 고분군에서 출토된 유물로 짐작해 볼 때 찬란한 문화를 창조했던 빛벌가야(비사벌가야, 비화가야로 불리기도 함)의 중심지요, 신라 진흥왕이 직접 돌아보며 세웠던 순수비의 하나인 창녕진흥왕척경비가 세워진 곳이니 전략적 요충지라고 할 수 있다.

병풍바위 중턱에 제비집처럼 걸려 있는 관룡사 산내 암자인 청룡암의 노스님은 관룡사는 물론이요 화왕산 일대가 가야의 불교유적이라고 말씀하셨다. 화왕산과 관룡산을 통틀어 예전에는 부처님이 『법화경』을 설하셨던 영취산으로 불리며 곳곳에 가야의 유적이 있었는데, 전란과 산사태로 옛 모습을 잃고 지금은 유일하게 남은 가야유적이 약사전 부처님이라고 말씀하신다.

반야용선 - 깨달음의 제트비행기

관룡사 뒤편에서 왼쪽으로 흐르며 깎아지른 듯 펼쳐진 봉우리들이 병풍바위이며 관룡사의 좌청룡에 해당한다. 예로부터 청룡은 하늘로 솟구쳐 오를 듯이 힘찬 기상이어야 하고 백호는 먹잇감을 노리는 호랑이처럼 잔뜩 웅크려야 한다고 하는데, 관룡사 좌청룡은 여느 명당보다도 좌청룡의 모습은 모범답안인데 반해 우백호는 백호처럼 웅크린 자세이긴 하지만 그 끝이 혈을 싸안지 못하고 밖으로 벌어지고 기세도 작게 느껴진다.

그래서 만든 비보가 바로 용선대 부처님이다. 부족한 백호의 기운을 북돋우려고 백호 등 꼭대기에 무게를 크게 얹은 모양이다. 지금껏 이 용선대 석가모니부처님은 8~9세기 조성된 부처님으로 알려졌는데, 지난해 좌대 중간에 석 줄로 흐릿하게 남아 있던 '開元 十⋯/月廿五⋯/成明⋯'의 명문을 해석함에 따라 조성 연대를 유추할 수 있게 됐다. '개원(開元)'은 당나라 현종 때의 연호로 10년은 722년이다.

본래 반야용선의 주인공은 서방 극락정토를 주관하는 아미타부처님이요, 관세음보살과 지장보살이 협시하는 것이 일반적이다. 그런데 이곳 용선대 부처님은 항마촉지인을 하고 있는 석가모니부처님이요 해가 뜨는 동쪽 하늘을 응시하고 있다. 아마도 동트기 전 샛별을 바라보며 앉은 그 자리에서 적정열반에 드는 것이 극락왕생과 다르지 않다는 믿음 때문이 아닌가 싶다.

청도 운문사 비로전 천정에 그려진 반야용선에는 배 뒤편에 겨우 매달려 끌려가는 듯한 한 사람이 있다. 스님들이 악착보살이라고 이름을 붙였다고 하는데, 그렇게라도 악착같이 수행함으로써 반드시 반야 지혜를 얻겠다는 절박함을 표현한 것이라고 한다.

여종의 자식에서 만인지상 일인지하의 지위까지

　매표소를 지나 하천 위로 놓인 다리를 건너 백 미터쯤 올라가면 오른편에 '옥천암터'가 나온다. 이곳이 바로 고려 말 공민왕에게 왕권을 넘겨받아 6년여 동안 실질적으로 나라를 통치했던 신돈의 고향이다. 신돈은 어머니가 이 옥천암의 노비였기에 자라면서 주위의 곱지 않은 시선을 받으며 항상 선방에만 전전했다고 한다. 그러던 어느 날 공민왕의 측근인 김원명의 눈에 들어 독실한 불교신자였던 공민왕에게 소개되니, 공민왕은 영민한 신돈을 한눈에 알아보고 두터운 신망을 아끼지 않았다고 한다.

　어느 날 갑자기 왕의 최측근으로 들어선 낯선 스님에 대한 신하들의 견제는 하늘을 찌를 듯이 드높아서 최영, 정세운, 이제현 등의

문무백관이 나서 주청하거나 직접 살해하려고 시도한 적도 수없이 많았지만, 공민왕은 "벌족(閥族)과 세신(世臣)은 친당(親黨)의 뿌리가 서로 얽혀 있고, 신진은 이름을 낚으며, 유생은 여리고 나약해 굳세고 용맹스러운 기질이 적은 데 비해, 신돈은 도를 얻고 욕심이 적으며, 미천해 친당이 없으므로 큰일을 맡겨도 소신껏 국정을 살필 수 있을 것이다."라고 두둔했다.

공민왕의 이러한 절대적인 신임 속에서 신돈은 전민변정도감(田民辨整都監)을 설치해서 스스로 판사가 되어 땅을 빼앗긴 농민들에게 땅을 되찾아 주고 억울하게 노비로 전락한 사람은 본래 신분을 회복하게 하는 등 개혁정치를 실시했다. 또한, 숭문관 옛터에 성균관을 다시 운영함으로써 정몽주, 정도전 등의 신진사대부를 키웠으며, 개경 일대의 권신들의 반대를 무릅쓰고 평양으로의 천도를 추진하기도 했다.

그러나 집권 말기에 처첩을 거느리면서 주색에 빠지고, 자신의 세력기반을 만들기 위해 사심관제도를 부활하려다 좌절을 겪기도 했다. 1370년 공민왕이 6년여 만에 친정에 임하면서 이듬해 7월 역모를 꾀했다는 혐의로 수원에 귀양갔다가 그곳에서 처형되니 6년의 집권이 봄날 꿈처럼 허망해져 버렸다.

신돈이 죽자 그 동안 그 위세에 눌려 지내던 권신과 신진유림 등이 앞 다투어 들고 일어나 신돈을 헐뜯기 시작했고, 조선 개국 이후에는 역성혁명(易姓革命)의 명분을 쌓기 위해 공민왕의 대를 이은 우왕과 창왕이 신돈의 자식이라는 말까지 만들어 퍼뜨렸다. 나아가 신돈의 고향인 이곳 창녕의 옥천사마저 조정의 신하들에 의해서 폐사하게 되니 지금은 옥천사터에 허물어진 석축과 한두 개 주초석만 뒹굴고 있다.

관룡사만의 볼거리 몇 가지

관룡사에는 다른 절에서 보기 힘든 몇 가지 성보가 있다. 절에 오르는 순서대로 기술하면, 첫 번째는 산문을 지나 절에 이르는 중간쯤 오솔길 양켠에는 석장승 한 쌍이 있다. 오른편이 할배 장승이고 왼편이 할매 장승이다. 2006년 장마에 넘어져서 도난당했던 것을 다시 찾아다 세워 놓았다고 전하는데, 제주에서 만나는 돌하르방과

흡사하게 닮았다. 사찰의 경계를 알리거나 외부로부터의 삿된 기운이 침범하지 못하도록 세워 두었다고 한다.

두 번째는, 관룡사에는 일주문이 없다. 굳이 일주문을 찾는다면 종루 아래 자그마한 석문이 그 역할을 대신한다고 볼 수 있다. 오른편으로 승용차가 출입하도록 새로 낸 길이 없다면 지위고하를 막론하고 이 낮은 석문을 통해서만 관룡사에 들어올 수밖에 없었을 것 같은데, 아마도 다른 큰절 입구에 있는 하마비(下馬碑) 같은 역할을 이 자그마한 석문이 자연스레 하지 않았나 싶다.

종루에 올라가면 온전한 형태의 북받침이 눈에 띤다. 해학적인 사자 얼굴에 등 위로 기둥을 세우고 북을 감싸 안듯이 받칠 수 있게 양쪽으로 꽃잎을 두었다. 전국 몇 군데 사찰과 박물관에 법고받침이 남아 있는 곳이 있지만 실제 쓰이면서 온전한 형태를 유지하는

곳은 아마도 관룡사 외에 거의 찾아보기 힘들다.

세 번째는, 용선대에서 내쳐 오른편 등산로로 접어들면 멀리 그림 같은 병풍바위와 산 아래 경치를 내려다보며 지루하지 않은 산길을 오를 수 있다. 용선대에서 40여 분 더 오르면 능선길에 올라서는데 여기서 오른편은 바위봉우리가 절경으로 줄지어 선 구룡산 코스요, 그 중간에 걸려 있는 암자가 청룡암이다. 청룡암은 주변 산세의 정 중앙에 자리 잡고 있어 그곳에서 바라봐야 주변 경치를 제대로 본 것이라고 할 만큼 빼어나다.

능선길에서 왼편으로 멀리 바라보이는 억새 군락이 넓게 펼쳐진 산이 바로 화왕산이다. 원효스님이 천 명의 대중을 모아놓고 『화엄경』을 설했던 창녕읍의 진산이다.

지
장
보
살

    대승불교가 성행한 이래 많은 보살이 등장했지만 우리 민족에게 관세음보살과 더불어 가장 친숙한 보살은 지장보살이다. 처처에 없는 곳 없이 살펴보고 어루만져 준다는 관세음보살이 어머니의 모성처럼 따뜻함으로 다가온다고 하면, 지장보살은 지옥 중생이 한 사람이라도 남아 있다면 성불을 미루고 구제하겠다는 강건한 원력을 상징하는 보살이다.

    석가모니부처님이 열반에 드시고 미륵부처님이 오시기 전까지의 현 시기를 무불시대라고 한다. 지장보살은 이 무불시대에 도리천에 머물며 미륵부처님께서 오셔서 용화삼회상 법회를 열어 모든 중생을 구제하기 전까지 육도윤회를 벗어나지 못하는 중생들의 구제 임무를 띤 보살이다.

불교 신앙의 목적이 성불, 깨달음에 있다면 지장보살은 중생의 구제를 위해서 개인의 깨달음까지 유보한 분으로 알려졌다. "중생을 다 제도하고 나서야 보리를 이루리라〔衆生度盡 方證菩提〕, 지옥의 중생을 다 건져내지 않고는 결코 성불하지 않겠다〔地獄未除 誓不成佛〕."

하지만 이 말에서 보리와 중생구제는 선후의 문제로 인식하기보다 "중생을 모두 건지는 것으로 보리를 증명해 보이리라." 혹은 "지옥의 중생을 다 건지지 못하면 성불이라고 말할 수 없다."는 증명과 원력의 문제로 바라봐야 하지 않을까? 어떻게 해석하든 지장보살이 여러 보살 가운데 가장 강고한 원력을 세우고 이를 실천하는 보살이란 점은 명확한 사실이다.

지장은 범어로 Ksitigarba다. 이를 한자로 옮길 때는 지지(持地) 혹은 묘당(妙幢), 무변심(無邊心)으로 번역한다. 즉, '땅을 굳게 딛고 있음'이나 '흔들림 없이 굳건한' 혹은 '신묘하게 버티고 있는' 정도로 해석이 가능한 의미이다.

지장보살은 대개 천관을 머리에 쓰고 왼손에 연꽃을 오른손은 시무외인을 한 모습이 초기 모습이라면, 후대에 『지장삼부경』이 유행하면서부터 머리를 초록빛으로 파르라니 깎고 육환장을 짚은 스님의 모습으로 묘사됐다.

계행 중심의 한국적 지장신앙

미륵불과 용화회상은 온 인류가 기다리는 메시아요 이상세계의
불교적 표현이다. 지장신앙은 궁극적으로 미륵불을 기다리고 용화
세상을 갈구하는 말세신앙의 특징을 간직하고 있다. 부모나 형제자
매가 죽었을 때 49재를 지내는 곳이 지장전(혹은 명부전)이다. 이는
미륵불이 오기 전까지 지옥에 가 있을 망자들이 지장보살의 위신력
으로 좋은 곳에 태어나길 기원하는 뜻이다.

하지만 그와 다르게 우리나라 지장신앙에만 나타나는 특징으로
투철한 윤리의식을 강조하는 점이다.

신라시대 처음 지장신앙이 정착할 무렵 원광법사나 비구니 지혜
스님 등이 개최했다고 전해지는 점찰법회(占察法會)는 목간에 있을
수 있는 모든 죄업을 적고 이를 공중에 던져 드러난 대로 지장보살
께 참회하는 법회였다. 이 점찰법회에 참여하는 신도들의 신행결사
를 '점찰보(占察保)'라고 불렀으며, 이들은 이 신행계(信行契)를 유
지, 운영하기 위하여 토지나 재화 등을 희사해서 경제적 토대를 마
련한 다음 결사운동(結社運動)을 행했다고 전한다.

이렇게 투철한 계행과 윤리의식을 강조했던 지장신앙은 통일신
라시대로 가면서 진표율사에 의해 더욱 발전하고 정착하게 된다.

진표율사는 금산사를 창건하고 점찰법회를 개최하여 속리산 법주사를 창건한 영심(永深)스님에게 점찰간자를 이어주고 영심스님은 이것을 다시 팔공산 동화사 창건주인 심지(心地)스님에게로 이어주며 초기 법상종의 3대를 이룬다.

치열한 참회를 주제로 하는 점찰법회와 점찰보로 불리는 신행결사 그리고 단 한 사람의 지옥 중생이라도 남아 있다면 성불을 미루겠다는 지장보살의 원력이 합쳐져 오늘날까지 이어져 내려오는 한국적 지장신앙을 만든 근본요인이 되었던 것이다.

우리나라 지장신앙의 특징 또 하나는 도교의 콘텐츠인 시왕(十王)과의 결합을 통해서 참회의 내용과 방법론을 구체화시킨 점이다. 즉, 고려 말까지만 해도 지장전은 시왕을 모신 시왕전과 분리되어 있었으나 고려 말, 조선 초기를 거치며 지장전과 시왕전이 합쳐져 오늘날과 같이 도명존자와 무독귀왕을 협시한 지장보살을 주불로 시왕이 둘러선 모양의 지장전, 혹은 명부전이 나타나게 된 것이다.

지장전에 지장보살을 둘러싸고 있는 열 명의 시왕은 128개의 지옥을 나누어 관장하는 명계(冥界)의 왕들로서 기능과 역할이 모두 다르다. 사람이 죽으면 죽는 날부터 49일 동안 매 7일과 100일째, 1년째(小喪), 3년째(大喪)가 되는 날마다 이 열 명의 왕에게 나아가 생전의 죄를 심판받는다고 한다.

각각의 왕과 관장하는 지옥, 그리고 그곳에 가서 고통 받는 죄인은 다음 표와 같다.

시왕	지옥	죄인
진광대왕	칼산(刀山)지옥	깊은 물에 다리를 놓은 공덕이 없거나 배고픈 자에게 음식을 나누어 준 공덕이 없는 죄인
초광대왕	화탕(火湯)지옥	목마른 자에게 물을 주거나 헐벗은 사람에게 옷을 준 적이 없는 죄인
송제대왕	한빙(寒氷)지옥	부모에게 효도하지 않고 가정에 화목하지 못하며, 동네 어른을 공경하지 않은 죄인
오관대왕	검수(劍樹)지옥	함정에 빠진 사람을 구해내지 않거나, 길 막힌 곳을 뚫어준 공덕을 못 쌓은 죄인
염라대왕	발설(拔舌)지옥	거짓말을 하거나 욕설을 하는 죄인
변성대왕	독사(毒蛇)지옥	살인, 도적질, 강도, 역적, 고문을 한 죄인
태산대왕	거해(鉅骸)지옥	돈을 듬뿍 받고도 나쁜 음식을 팔거나, 쌀을 팔아도 되를 속여 적게 준 죄인
평등대왕	철상(鐵床)지옥	남의 등을 치거나 부정한 방법으로 재물을 모은 자
도시대왕	풍도(風塗)지옥	자기 남편을 놔두고 남의 남편을 우러른 여자나, 자기 아내를 놔두고 남의 아내를 넘본 남자 죄인
오도전륜대왕	흑암(黑暗)지옥	남녀 구별을 못하고 자식 하나 보지 못한 죄인

　　지장신앙에서의 지옥이란 이처럼 옛 선인들이 생각하는 윤리적 삶과 그 업보를 망라한 상상력의 총합이다. 살면서 순간순간 범하게 되는 수많은 악행들을 종합적으로 정리하고 이를 범하지 않게 해달라는 기도가 바로 지장기도일 것이다. 이는 그대로 사람들이 지켜야 할 사회규범의 마지노선을 상징하는 장치이기도 했다.

우리나라에서 지장기도처로 이름난 곳은 연천의 심원사와 고창 도솔암, 남해 용문사, 천안 광덕사, 의성 고운사, 가평 현등사, 익산 숭림사, 고성 화암사, 강릉 보현사 등 수없이 많다. 지장전(명부전, 시왕전)이 대표적인 법당으로 아예 주불전으로 자리한 암자급 기도처도 있지만, 따로 지장전을 두어 참회와 조상천도를 특화한 사찰도 적지 않다.

이 책에서는 서산의 개심사를 대표 지장기도처로 소개했다. 근대 선불교의 중흥조인 경허스님이 깨달음을 얻은 후 보림하면서 지장 참회기도를 올린 곳이 바로 서산의 개심사이기 때문이다.

지장기도 도량 **상왕산 개심사**

생사도 넘나들며 뛰어노는
천진불 놀이터

선수행과 지장신앙의 결합 – 개심사 명부전

개심사가 자리한 가야산은 상왕산이라고도 불린다. 모두 부다가
야 영취산을 음역하거나 의역한 것으로 동일한 의미다. 동네 사람
들 사이에서는 이곳을 예전에 '이왕직산(李王職山)'으로 불렀다고 한
다. 조선시대 왕실의 재산이었던 모양으로 아직도 군데군데 '이산
(李山)'이라 새겨진 작은 사각돌이 발견된다고 한다.

삼국시대에는 이 일대가 당나라와의 교역의 중심지로 백제의 미
소로 불리는 서산마애삼존불도 개심사 북쪽 상왕산 자락에 위치해

있으며, 중국의 화엄종조로 불리는 법장화상의 전기에서 최치원이
해동화엄 10찰(팔공산 미리사, 지리산 화엄사, 태백산 부석사, 가야산 해인
사, 가야협 보원사, 계룡산 갑사, 삭주 화산사, 금정산 범어사, 비슬산 옥천사,
무산 국신사, 부아산 청담사)이라 소개한 보원사도 이 상왕산 자락에 위
치하고 있다.

　개심사의 창건 연대를 백제 의자왕 14년(654년) 혜감국사가 창건
한 사찰로 보니 당시 백제 수도였던 부여에서 당나라와 교역로였던
이곳 주변에 수많은 사찰이 창건되는 가운데 한 곳이었던 것으로 보
인다.

　새로 만든 일주문 근처 주차장에서 내려 오롯한 산길을 오르다보
면 낮은 산세에도 적지 않은 양의 물이 흐르는 계곡 길을 만난다. 여

　기서 왼편으로 돌 사이로 구르는 봄내 소리를 들으며 나란히 걸어 오르면 '세심동(洗心洞)' '개심사 입구'라고 새겨놓은 정겨운 표지석을 만나고 작은 능선 하나 넘을 만큼 힘들이지 않고 갈 거리 만큼에 개심사 정갈한 기왓골이 손님을 맞는다.

　지장기도 도량으로서의 개심사는 조선 중기 이후에 자리 잡은 것으로 보인다. 이렇다 할 설화나 영험담이 남아 있지 않은 점이나, 대웅보전과 오층석탑 그리고 안양루 등을 일직선으로 한 중심축이 15세기 연간에 조성된 것에 비해서 대웅전 왼편으로 돌아앉은 명부전은 조선시대 고종 26년(1889년)에 죽포 김설제(竹圃 金說濟)가 작성한 「개심사중창수리기(開心寺重創修理記)」의 내용에 "순치삼년명부전신설(順治三年冥府殿新設)"이란 기록이 전한다. '순치 3년'은 1646년, 조선 인조 24년이다.

하지만 단정할 수 없게 하는 것이 충청남도 문화재자료 제194호인 명부전 안에 모셔진 지장보살님은 조선시대에는 매우 보기 힘든 철조 보살상으로, 철로 불보살상을 조성하는 것이 유행했던 통일신라 혹은 고려 초기부터 이미 지장기도처로서 역할을 했을 가능성도 매우 높다.

옛 대관령 길을 강릉 쪽으로 넘어가다 보면 왼편에 성산이란 마을로 들어가는 길이 나온다. 이 큰길에서 약 7Km 선자령 아래까지 들어가는 산길을 따라 오르면 보현사라는 절이 나오는데, 사굴산문의 개조인 범일국사의 제자였던 낭원대사가 지장신앙과 선불교를 결합해서 지장선원을 열고 후학을 제접했던 곳으로 알려졌다.

우리나라에서 철로 만든 불보살상은 선불교의 전파와 시기를 같이하는데 개심사의 경우도 보현사처럼 선불교의 유입과 더불어 수행승들 가운데 지장 참회기도를 병행했던 곳이 아닐까 싶다.

천진불 혜월스님을 닮은 도량

경허(鏡虛)스님은 동학사에서 깨달음을 얻은 후 서산의 천장암과 부석사, 수덕사, 정혜사, 개심사 등에서 보림했다. 그중에서도 여기 개심사는 두 번째 상수 제자인 천진불 혜월스님을 만나 법을 전한 곳이다.

처음 혜월스님이 경허스님을 만난 곳은 정혜선원이라고 한다. 대중을 모아놓고 법문을 하는데 법문 주제는 임제스님의 무위진인(無位眞人)이었다.

"내 안에 역력히 홀로 빛나고 형체도 없는 붉은 몸뚱이[赤肉團上]가 하나 있어 항상 눈·귀·코·입 등을 통해 들어오고 나간다. 아직 보지 못한 사람은 똑똑히 보아라."

이 경허스님의 한 마디에 당시 23세였던 혜월스님은 큰 충격을 안고 은사인 혜안스님을 찾아가 자신의 충격에 대해서 말씀드리니, 혜안스님이 소개한 곳이 서산 천장암이었다. 천장암으로 경허스님을 찾아간 혜월스님이 만난 분은 일곱 살 연상의 수월스님이었다. 수월스님은 경허스님이 개심사에 머무르시니 그곳으로 가라고 알려줘 다시 찾아온 곳이 개심사다.

개심사로 한달음에 달려와 경허스님을 보자마자 여쭈었다.

"관세음보살이 북쪽으로 향한 뜻이 무엇입니까?"

이에 경허스님은 "그것 말고, 또?" 하고 물으니, 혜월스님이 이번에는 아무런 말없이 주먹을 높이 들었다.

"들어와 앉아라."

경허스님이 혜월스님을 제자로 받아들이는 순간이었다.

두 스님이 스승과 제자로 만나 지내던 어느 날, 경허스님이 짚단한 단을 들고 와서 혜월스님에게 던져 놓으며 말씀하셨다.

"내일 먼 길을 떠나야겠으니 짚신이나 한 켤레 삼아 주게나."

혜월스님은 밤새 공들여 짚신을 삼았다. 마지막으로 나무망치로 짚신을 공그려 펴 주면 완성되는데 한 번의 망치 소리에 순간 억겁 동안 무쇠처럼 자신을 감싸고 있던 무명의 두터운 껍질이 깨어져 내리면서 천하가 훤하게 빛나는 것을 맛보게 된다.

혜월스님이 벅차오르는 희열에 벌떡 일어나 춤을 추니, 경허스님 께서 마침내 깨달음을 인정하며 전법게(傳法偈)를 내린다.

> "일체의 법을 알려고 한다면 자신의 마음속에 아무것도 가지려 하지 말라. 이와 같은 법성을 알게 되면 곧 노사나불을 보게 되리라. 세상 법을 버리고 문자 없는 도리를 제창하노니. 청산의 다리 한 빗장으로써 서로 발라 붙이노라.(법자 혜월에게 주다)"

혜월스님이 이곳 개심사에 머물 때, 항상 입버릇처럼 "나에게는 천하의 보검이 하나 있다."는 말을 했다고 한다. 하루는 이 소문을 들은 일본 헌병대장이 군수를 앞세워 개심사로 찾아와서 그 보검을 보여 달라고 졸랐다. 사람을 살릴 수도 죽일 수도 있다는 그 천하의 명검을 꼭 보고 싶었던 것이다. 혜월스님은 "아, 그 칼 말입니까?" 하고 천연스럽게 말하며, "저를 따라오시지요." 했다.

이윽고 요사채 계단 앞에 다다랐을 때, 혜월스님은 갑자기 몸을 돌려 따라오던 헌병대장의 뺨을 올려붙였다. 느닷없이 뺨을 맞아 마당을 뒹굴던 대장은 반사적으로 허리에 찬 칼을 빼어들고 혜월스님을 베려는 태세였다. 이때 혜월스님이 몸을 굽혀 헌병대장을 부축해 일으켜 세우며 말했다.

"이것이 당신이 보고 싶어 했던 천하의 보검이오. 뺨을 때려서 쓰러뜨릴 때는 사인검(死人劍)이요, 이렇게 일으켜 줄 때는 활인검(活人劍)이죠."

헌병대장은 이 말에 크게 깨닫고 혜월스님께 세 번 절하고 물러갔다고 한다.

평생 동안 천진도인이었던 혜월을 닮은 도량이 개심사다. 심검당과 종루의 제멋대로 휜 기둥과 들보가 그렇고, 대웅보전 처마 끝마다 앙증맞게 올라가 있는 사기연꽃 봉우리도 천진의 다른 표현이다. 자연과 아무런 경계 없이 어디부터가 인공이요 어디부터가 자연인지 알 수 없는 것이 우리 전통 건축과 조경의 특징이라고 한다면 개심사는 그런 전통이 가장 잘 간직된 곳이다.

생과 사의 기로에서도 조금도 흔들리지 않는 마음자리를 유지했던 혜월스님은 진표율사의 점찰간자에 적힌 모든 죄업으로부터 이미 자유로운 천진불이요, 이곳 개심사는 그 천진불의 한바탕 놀이터였다.

3대 지장기도 도량 연천 심원사, 남해 용문사, 선운산 도솔암

가장 외진 곳에 자리해
가장 큰 원력의 횃불을 지피다

연천 심원사

우리나라 사찰 가운데 관음사 혹은 관음암이 가장 많다고 전해지는데 그만큼 여러 불보살과 신중 가운데 관음보살을 가장 친숙하게 느끼기 때문일 것이다. 그 많은 관음성지 가운데 낙산 홍련암, 남해 보리암, 강화 보문사를 묶어서 3대 관음기도처라고 부른다. 또 얼마 전 화재로 소실되었던 여수 향일암과 금강산 보덕굴까지 합쳐서 5대 관음기도처로 부르기도 한다.

관음기도처에 대해서는 잘 알려졌지만 관음보살만큼 가깝게 여기는 지장기도처에 대해서는 상대적으로 잘 알려지지 않은 것이 사실

이다. 3대 관음기도처처럼 우리나라를 대표하는 3대 지장기도처로 불렸던 곳이 바로 연천 심원사, 남해 용문사, 선운산 도솔암이다.

연천의 심원사는 한국전쟁 때 폐사되고 이후 군사보호구역으로 묶여 있으면서 한때 이 절에 모셔져 있던 지장보살상을 따로 모셔 철원에 같은 이름의 심원사가 창건되기도 했다. 하지만 2000년대 초반에 옛 심원사 터가 군사보호구역에서 풀리면서 현재는 원심원사(原深源寺)로 개명하여 복원되었다. 절이 위치한 산 이름도 지장산으로 지금은 주말에 호젓한 산길을 걷고자 하는 등산객들이 많이 찾는 오지 산행코스이다.

심원사는 멧돼지로 화현한 지장보살과 사냥꾼 형제에 얽힌 창건 설화를 간직하고 있다. 지금으로부터 1,300여년 전 사냥꾼이었던

이순석·순득 형제는 한 마리 커다란 황금빛 멧돼지를 발견하여 활로 쏘았다. 화살을 맞은 멧돼지는 피를 흘리면서 지장산 환희봉 쪽으로 달아났는데 사냥꾼 형제가 핏자국을 따라가니 멧돼지는 보이지 않고 지장보살상이 있었다.

돌로 만든 지장보살상의 왼쪽 어깨에는 방금 전 사냥꾼 형제가 쏜 화살이 꽂혀 있었다. 두 사람은 크게 놀라서 지장보살상에서 화살을 뽑으려 했다. 그러나 화살은 뽑히지 않았고 보살상 또한 태산과 같은 무게로 꼼짝도 하지 않았다. 사냥꾼 형제는 이것은 필시 하늘의 뜻이라고 생각하고 엎드려 빌었다.

"지장보살님이시여! 평생 남의 목숨을 끊어 연명해 온 저희를 불쌍히 여기시고 용서해 주십시오. 우리의 죄업을 씻어 주시려 지장보살님께서 몸을 나투신 것이라 알고 당장 사냥을 그만두고 출가해서 그 동안의 죄업을 닦겠나이다."

다음 날 출가하기 위해 다시 이곳을 찾으니 쓰러져 있던 지장보살상이 바위 위에 정좌하고 있었다고 한다. 그곳에 절을 창건하고 사냥꾼 형제가 출가하니 바로 심원사 석대암이요, 현재 철원의 심원사 명부전에 모셔진 지장보살상이 그때 나투신 지장보살상이라고 한다.

기도처를 이야기할 때 기도처가 위치한 산세나 바위 모양 등의 지형이 우선할지, 아니면 기도의 대상이 되는 불보살상이나 바위 등이 먼저일지 뭐라 결론짓기 힘들다. 심원사의 경우 창건담에 나오는 사냥꾼 형제가 지장보살상을 발견하고 오랜 세월 사람들의 발길이 이어졌던 곳은 연천의 원심원사 석대암이지만 현재 지장보살상은 철원의 심원사에 모셔져 있으니 어디가 정말 영험한 기도처라 할 수 있을까?

심원사는 그 뒤 중건과 소실을 거듭하게 된다. 647년 신라 진덕여왕 때 영원조사가 처음 창건하고, 859년에는 강릉 굴산사를 창건했던 범일(梵日)스님이 중건하였으나 1393년에 화재로 소실되었다. 1396년에 무학(無學)스님이 다시 중창했지만 임진왜란으로 다시 소실되고, 이후 1595년에 인숭(印崇) 정인(正印)스님 등이 중건했으나 다시 1907년 10월 이 절을 중심으로 항쟁하던 항일의병과 관군의 공방으로 완전히 소실되었다.

1909년에는 유연수 스님이 중창했다고 전하나 그나마도 한국전쟁으로 또 다시 폐허가 되어버리고 한국전쟁 이후에 김상기 스님이 심원사라는 이름과 지장보살상을 옮겨가 인근 철원에 새 절을 창건하였고, 2002년에는 세민스님이 군부대와 협의 하에 옛 심원사 터에 원심원사라는 이름으로 불사를 착수해서 현재 복원중이다.

심원사는 고려시대 이미 지장성지로 이름이 높았다고 한다. 고려 충렬왕 때 법희거사가 쓴 「석대암 사적」에는 석대암에서 일어나는 이적(異蹟)이 수없이 많아서 그것을 일일이 다 기록하기 버거울 정도요, 보개산 전체가 지장보살의 상주도량이라고 밝히고 있으며, 목은 이색이나 무학대사가 전하는 영험담도 많아서 조선시대까지도 영험이 큰 지장성지로 꼽혀왔음을 알 수 있다.

근대에는 1936년 화산강원(華山講院)을 개원해서 진진응 스님과 이운허 스님 등이 강사로 활약하면서 조계종 전 종정 월하스님이나 태고종 종정이었던 안덕암 스님, 강석주 스님, 황성기 스님 등 근대의 고승들을 배출했던 교육도량으로도 크게 자리매김했던 곳이다.

연천 심원사를 거쳐 간 인물 가운데 그 자체가 드라마틱한 영험담을 간직하고 있는 스님이 바로 남호 영기율사다. 남호율사의 성은 정씨(鄭氏)요 호는 남호(南湖)이고, 전라북도 고부(古阜) 출신이다. 어려서 부모를 여의고 문둥병이 걸려 이곳저곳을 떠돌던 어린 남호율사는 연천 보개산 심원사에 와서 하룻밤을 보내게 되었다.

어린 남호를 살피던 심원사 주지스님이 비록 문둥병은 걸렸지만 영특해 보이는 그 아이를 한참을 바라보다가 다른 일행들에게 이야기를 했다.

"저 아이를 이곳 심원사에 맡기고 가십시오. 제가 반드시 병을 낫게 해 드리겠습니다."

다른 이들은 주지스님의 제안에 기꺼이 동의하고 아이를 심원사에 맡기고 떠났다. 주지스님은 어린 영기를 앉혀놓고 문둥병을 고치려면 매일 지장보살님께 정성껏 기도를 올리라고 말하자 영기는 이후 100일 동안 지극정성으로 기도를 올리게 된다.

이윽고 100일 만에 피고름이 멎고 새살이 돋아 문둥병을 완치하게 되자 영기는 출가를 결심하고 삼각산 중흥사에서 수계를 받고 법명을 남호(南湖)라고 했다. 25세가 된 남호율사는 삼각산 중흥사와 수락산 흥국사에 머물며 수행 정진하는 틈틈이 글씨 공부를 해서 『남호서첩』이라는 글씨 책을 낼 만큼 달필이었다고 한다.

하루는 당시 호조판서를 지내고 물러나 있었던 대감 한 분이 남호율사를 찾아와 『아미타경』을 사경해달라는 부탁을 했다. 스님은 불심 깊었던 대감의 부탁에 기꺼이 『아미타경』을 사경해서 전달하니 대감은 사비를 들여 『아미타경』 이 외에도 『십육관경』과 『연종보감』까지 판각해서 경판을 흥국사에 보관하고 여러 사람들에게 찍어서 나눠주도록 했다.

스님의 수행력과 글씨가 점차 더 유명해지게 되자 뜻있는 사람들이 이번에는 80권 『화엄경』을 모두 판각해서 강남 봉은사에 새로운 전각을 짓고 모실 것을 발원하게 되었다. 이 대작 불사에는 당시 임금이었던 철종과 대비, 중전 등이 참여해서 국가적인 불사로 규모가 커지게 되었다. 그러자 당대 최고의 학자였던 추사 김정희도 과천에서 봉은사를 오가며 이 불사에 관심을 가지고 참여하게 되었고, 마침내 불사가 마무리되자 화엄경판을 모실 전각, 판전의 편액을

써 주기도 했다. 추사가 작고하기 3일 전의 일이었다.

도성에서는 이 불사가 진행되는 동안 주된 화제가 젊고 수행력 높은 남호율사 이야기였다. 상궁들도 봉은사를 찾아와 시주하고 대갓집들도 부녀자를 보내 봉은사 시주에 참여하는 것이 유행처럼 번졌다.

이때 도성 안에 젊고 재력 있는 대갓집 부인이 있었다. 이 부인도 봉은사를 찾아와 시주하고 남호율사를 친견하게 됐는데, 첫눈에 스님에게 반한 부인은 이후로도 줄곧 봉은사를 드나들며 남호율사를 사모했다. 이윽고 하루는 부인이 스님에게 화엄경 판각 불사는 물론 이를 모실 전각의 건축 불사까지 모두 자신이 댈 터이니 불사를 마치면 자신과 함께 살아달라고 애원했다.

남호율사는 거듭 거절하다가 죽음까지 마다하지 않을 부인의 강경한 입장에 마침내 수락하게 된다. 부인은 뛸 듯이 기뻐하며 남호율사와 함께 살 한옥을 새로 짓고 불상을 모시기도 하면서 불사 마치기를 기다렸다.

이윽고 불사를 회향하는 날 뚝섬에서 배를 타고 봉은사로 건너갔다. 많은 사람들이 강을 건너 수도산 자락을 넘어 봉은사로 향하고 승과평 넓은 뜰이 비좁게 느껴질 만큼 수많은 사람들로 인산인해를 이루었지만 남호율사는 끝내 회향식에 나타나지 않았다.

부인에게 어쩔 수 없이 약속은 했지만 출가자의 양심상 파계할 수 없다고 생각한 남호율사는 회향식 전날 봉은사를 떠나버리고 말

앝던 것이다. 상념한 부인은 도성으로 돌아가는 배에서 강으로 뛰어내려 자살을 하고 말았다.

남은 평생 깊고 서리처럼 차가운 여인의 여한을 느끼며 살던 남호율사는 50을 겨우 넘긴 나이에 일찍 죽게 된다. 처음 문둥병을 고치고 승려로서 새롭게 태어났던 보개산 심원사로 다시 돌아와 10여 년에 걸쳐 여인의 극락왕생을 빌고, 스스로 망어의 계를 범한 참회의 기도를 올리던 중이었다.

1872년, 율사는 심원사(深源寺)의 세 전각과 태백 정암사(淨巖寺)의 갈래보탑(葛來寶塔)을 개수했다고 전한다. 그리고 같은 해 9월 20일에 입적하였다. 죽기 전에 문인에게 "육신을 숲 속에 던져 배고픈 짐승들이 뜯어 먹게 하라"고 유언하였으나, 제자들이 아무런 대답이 없자 크게 탄식하면서 "국풍(國風)이로다" 하고 숨을 거두니 나이 52세, 승랍은 39세였다.

남해 용문사

우리나라에서 다섯 번째로 큰 섬이 남해다. 남해에는 3대 관음성지 가운데 하나인 보리암이 있어 많은 관광객들이 찾지만 그 안에 3대 지장기도 도량 가운데 하나인 용문사가 있다는 것을 잘 모르는 사람이 많다. 왜 섬 하나에 관음성지와 지장성지가 같이 존재할까?

우리 민족에게 있어 백두산은 단군왕검이 도읍한 민족정기의 발원지다. 이 백두산에서 굽이쳐 지리산까지 내려오는 산의 흐름이 백두대간이요, 백두대간에서 가지쳐서 각 지역으로 흐르는 정맥과 정간을 만들어낸다. 그런데 지리산 천왕봉에 맺혔던 산의 기운이 정남향 바다를 건너뛰어 이어진 백두대간의 우듬지가 바로 남해라는 이야기가 있다. 보리암 뒤편 금산 꼭대기에 오래전부터 단군성전이 건립되어 있는 것이 바로 그런 이유에서라고 한다.

조선의 태조 이성계도 남해 금산에 올라 기도를 올리고 왕위에 올랐다. 보리암 인근에 이성계 기도터가 남아 있고 그곳에 조선왕조 대대로 하늘에 제사를 모셨다고 하니 남해가 백두대간의 우듬지라는 말이 신빙성을 더한다.

금산이 남해에서도 가장 남쪽 바다에 인접한 곳에 자리한 반면, 용문사가 위치한 호구산은 바다가 섬 사이로 깊이 들어온 남면과 이동면의 경계를 이룬 곳에 자리 잡고 있다. 호랑이가 누워있는 모습이어서 호구산으로 불리는 산의 높이는 해발 650m이고 이 산에 자리 잡고 있는 용문사(龍門寺)는 남해에서 가장 크고 오래된 절이다.

용문사도 원효대사와 인연으로 창건되었다고 전한다. 원효대사가 금산을 찾아와 보광사를 창건하고 산 이름도 보광산이라 했다고 한다. 뒤에 어떤 이유에선지 호구산에 첨성각(瞻星閣)을 세우고 금산에 있었던 보광사를 이곳으로 옮겼다고 전한다.

조선시대 현종 때(1660년) 남해현의 남해향교와 이 절의 입구가 서로 마주하고 있다는 이유로 유생들이 절을 다른 곳으로 옮기라고 요구했다 한다. 그러자 당시 용문사에 기거하던 백월스님이 남쪽에

있는 용소마을 위에 터를 정하고 절 이름을 용문이라 했다고 한다.
6년 뒤에 일향스님이 대웅전을 창건하였고, 이어 숙종 34년(1708년)
에 산내암자인 염불암을 중창했고, 관음암과 백운암은 마을 사람들
의 발원으로 창건되었다고 하는데 현재는 남아 있지 않다. 절 서쪽
에 위치한 백련암은 성철스님이 1년여 동안 머물렀던 곳으로 알려
졌다.

대웅전 오른편에 명부전이 자리하고 있다. 명부전에는 원효대사
가 직접 조성했다는 지장보살상이 남아 있어 3대 지장기도처의 위
상을 상징한다. 용문사는 임진왜란 때 승군이 주둔하면서 왜군에
맞서 나라를 지킨 호국사찰이기도 하다. 용문사에는 삼혈포라는 대
포와 숙종이 호국사찰임을 표시하기 위해 내린 수국사 금패가 보존
되어 있다.

선운산 도솔암

고창의 도솔암은 선운사의 산내암자로 우뚝 솟은 바위 절벽 위에 올라앉은 천혜의 기도처요 동학혁명 때 접주 손화중이 배꼽 속의 비결을 꺼내갔다고 하는 마애불이 자리한 곳이다.

동학혁명에 참여했던 오지영이란 사람이 남긴 책『동학사』에는 당시 도솔암 마애불의 비결에 대해 자세하게 기록하고 있다. 1820년 전라도 관찰사 이서구가 무장현 선운사에 이르러 도솔암 석불의 배꼽 부위에 있는 감실을 열어 안에 감춰졌다는 비결을 꺼내보려는데, 그때 마침 뇌성벽력이 일어 그 비결책을 보다 말고 서둘러 다시 봉해 두었다고 한다. 그때 이서구가 열어본 비결의 첫머리에는 "전라감사 이서구가 열어본다"라고 쓰여 있었다고 하니 그 뒤로도 이것을 열어보고자 하는 사람은 많았지만 또 벼락이 떨어질까 두려워 감히 열어볼 엄두도 못냈다고 한다.

그러다 동학농민혁명이 일어나기 두해 전인 1892년 8월 어느 날, 손화중 접주 진영에서 그 석불의 비결 이야기가 나왔다. 모두 이서구의 전례를 이야기하며 비결을 꺼내보는 것을 두려워 할 때, 그 좌중에 오하영이라는 도인이 나서서 이야기했다.

"비결을 봉해 넣을 때 벼락살을 같이 봉했지만 이미 이서구가 열어볼 때 벼락살이 소진되었으니 다시 벼락이 칠 일이 없다."

그래도 마음을 놓지 못하는 사람들을 다독이려 동학군은 청죽 수백 개와 새끼줄 수천 다발을 구해서 석불 전면에 꼼꼼히 쳐서 걸어

87

3대 지장기도 도량

두고 석불에 기어 올라가 배꼽을 부순 후 마침내 안에 있던 비결을 꺼내었다고 한다. 그것을 꺼내기 전 절에 있었던 스님들을 모두 결박해서 묶어 두었는데, 이들이 풀려나자마자 관청으로 달려가 고발을 했다.

무장현감은 이것을 빌미로 동학군을 잡아들였다. 잡아들인 동학군의 우두머리는 강경중 오지영 고영숙 등이었는데, 무장현감은 손화중이 있는 곳과 비결이 있는 곳을 대라며 갖은 형벌을 다 동원해서 취조했다고 한다. 이 취조는 10여 일 동안 지속되어 볼기가 다 헤어지고 정강이뼈가 부러지도록 악형을 당했지만 결국 찾지 못했다고 한다.

앞서 세 사람은 이 사건으로 사형에 처해지고 100여 명의 동학도들은 곤장을 맞고 풀려났다고 한다. 동학혁명이 일어나기 2년이 채

못 된 시기였다. 도솔암 마애불 비결이 꺼내지는 날 한양이 망한다는 속설이 오래전부터 함께 전해져왔다고 한다. 그 뒤로 20년이 못 되어 실제 한일합방의 비운을 맞게 되니 아직도 찾지 못한 비결은 엉터리만은 아니었나 보다.

도솔암은 선운사와 함께 백제 때 창건되었다는 기록이 전해지고 있으나 또 다른 기록에는 신라 진흥왕이 만년에 왕위를 버리고 도솔산의 한 굴에서 머물고 있었는데, 어느 날 밤 바위가 쪼개지며 그 속에서 미륵삼존불이 출현하는 꿈을 꾸고 중애사 선운사 도솔사 등 여러 사찰을 창건하였다고도 한다.

도솔암은 조선시대 후기까지만 해도 상도솔암 하도솔암 북도솔암 등 독자적인 세 암자로 나뉘어 존재했다고 알려져 있다. 상도솔암은 지금의 도솔천 내원궁이요, 하도솔암은 현재 마애불이 있는 곳이며, 북도솔암은 지금 대웅전이 위치한 곳으로 여겨진다. 즉, 맨 꼭대기 내원궁에는 지장보살이 모셔지고, 중간의 하도솔암에는 미륵보살이 마애불로 모셔졌으며, 아래 북도솔암에는 석가모니부처님이 모셔진 형국이다.

조선시대 후기 이후 하도솔암과 북도솔암은 쇠락하고 맨 꼭대기의 도솔천 내원궁만 명맥이 남아 그 안에 모셔진 지장보살상만 남게 되니 자연 도솔암 전체가 지장보살의 기도처로 자리매김하게 된 것으로 보인다. 도솔암 내원궁에는 보물 제280호인 지장보살좌상이 봉안되어 있다.

미륵보살

  국가의 정치가 안정되고, 살아갈 만큼 넉넉한 세상에서는 아미타신앙이 유행한다고 한다. 지금도 큰 어려움 없이 잘 살고 있으니, 내세에도 이 행복이 그대로 지속되기를 염원하는 것이다. 반면, 정국이 불안정하고, 현실에 불만이 크면 현세의 극락을 지향하는 미륵신앙이 득세한다.

  역사적으로 볼 때도 후삼국의 혼란기를 틈타서 철원에 도읍을 정한 궁예가 스스로 미륵불임을 자처했던 것은 미륵하생을 염원하는 당시 민초들의 여망을 반영한 일이요, 고려와 조선시대를 지나면서도 '이금의 난'이나 '여환의 난' 등 기층의 민중이 생활의 위협을 받을 때 일으킨 민란의 배후에는 항상 미륵신앙이 자리하고 있었다.

현세의 극락을 지향하는 미륵신앙

미륵신앙은 미륵삼부경이라 불리는 『불설관미륵보살상생도솔천경』과 『불설관미륵보살하생도솔천경』 그리고 『불설미륵대성불경』을 소의경전으로 삼는다. 이 경전들은 각각 『미륵상생경』 『미륵하생경』 『미륵성불경』으로 줄여서 부르는데 그 가운데 『미륵하생경』을 보면, 미륵보살은 인도 바라나시국의 한 바라문 집안에서 태어나서 석가모니부처님을 만나 교화를 받고, 부처님으로부터 다음 세상에 성불하여 부처가 되리라는 수기를 받게 된다.

그 뒤 도솔천에 올라가서 천인(天人)들을 위하여 설법하고 있는데 석가모니부처님 입멸 후 56억 7000만 년이 지난 뒤, 인간의 수명이 차차 늘어 8만 세가 될 때 사바세계에 다시 태어나 화림원(華林園)의 용화수(龍華樹) 아래에서 마침내 깨달음을 성취하고, 용화삼회(龍華三會) 즉, 용화회상에서 세 번의 설법으로 석가모니부처님께서 제도하지 못한 272억 명의 모든 중생을 교화한다고 전한다.

미륵보살을 신앙하는 사람이 미륵불 출현까지의 아득한 세월을 기다리지 못해서 미륵보살이 지금 거처하는 도솔천에 태어나기를 발원하고 기도하는 것이 미륵상생신앙이라면, 반대로 미륵부처님이 하루 빨리 현세로 강림하시기를 기원하며 수행하는 것이 미륵하생신앙이다. 미륵상생신앙이 상대적으로 성했던 남방불교권에 비해서 우리나라를 비롯한 대승불교권에서는 미륵하생신앙이 더 많이 퍼졌다.

후대로 갈수록 미륵신앙은 통속적인 예언의 성격을 띠거나 구원론적인 구세주의 현현을 의미하기도 했지만, 도솔천 내원궁에서 앉아 명상에 잠긴 반가사유상(半跏思惟像)으로 묘사된 모습이 우리에게 각인된 가장 대표적인 미륵부처님의 모습이다.

우리나라의 미륵신앙은 삼국시대에 이미 들어와서 백제를 중심으로 퍼져나갔다. 백제 성왕 30년(552년)에 창건된 미륵불광사는 일본에 미륵불상과 경전을 보내줬던 중심사찰이었다고 전하며, 무왕 35년(634년)에는 익산에 별개의 도읍을 정해서 당대 최대의 가람인 미륵사를 창건하기도 했다.

신라의 미륵신앙은 백제로부터 유입된 것으로 보인다. 『삼국유사』에 보면 신라의 고승 진자대사가 웅진의 수원사를 찾아가서 미륵화신을 친견하고 돌아가 미시(未尸)라는 미소년을 국선으로 받들어서 후대에 용화향도 즉, 화랑의 모태가 되게 했다는 설화가 전해지기도 한다.

우리나라의 대표적인 미륵도량은 진표율사께서 미륵불이 출현하면 설법하실 세 군데 인연처로 점지한 김제 금산사와 보은 법주사, 금강산 발연사를 비롯해서 변산 월명암, 익산 미륵사지, 화순 운주사, 통영 용화사, 의성 주월사, 나주 미륵사, 의정부 미륵암, 개성 현화사, 파주 용암사 등이 있다.

법주사 미륵불

용암사 미륵불

운주사 미륵불

미륵보살

미륵신앙의 시초, 진표율사

진표율사가 명산을 두루 돌아다니다가 변산 부사의암(不思議庵)에 머물면서 수련하는데 가혹하게 자신의 몸을 망가뜨리며 참회 정진하는 망신참(亡身懺)으로 방도(方道)를 삼았다.

처음에는 7일 동안을 기한으로 삼아 전신을 돌에 부딪치니 무릎과 팔뚝이 모두 부서져 피가 바위 절벽으로 흘러내렸다. 7일이 지나도 반응이 없자 이윽고 몸을 버리려고 뜻을 세우고 다시 7일을 기약하여 두 번째 7일을 마치자 지장보살이 나타나 정계(淨戒)를 내려 준다.

그러나 율사는 자신의 뜻이 지장보살이 아니라 미륵보살에 있었기 때문에 정진을 중지하지 못하고 능가산으로 장소를 옮겨서 정성과 용맹을 지속하니 미륵보살이 감응하여 『점찰경』 두 권과 간자 189개를 내려 주었다. 미륵보살의 감응을 받은 진표율사는 모악산 아래 금산사를 찾아가 금산사를 중건하고 구리를 부어 미륵장륙상을 만들었다.

금산사 불사를 마친 진표율사는 속리산으로 향했다. 속리산 골짜기에 길상초가 나 있는 곳을 발견하고 그곳에 표시를 해 두었는데, 속리산에 살던 영심(永深)이란 스님이 찾아와 진표율사에게서 법을 전수 받았다. 그때 진표율사는 영심스님에게 "속리산에 가면 길상초가 난 곳에 내가 표시해 둔 곳이 있으니 그 곳에 절을 세우고 이 교법(敎法)에 따라 인간 세상을 구제하고 후세에 유포하여라." 했다.

이에 영심스님이 속리산으로 가서 길상초가 난 곳을 찾아 절을 짓고 길상사라고 칭하고 처음으로 점찰법회를 여니 지금의 법주사다.

미륵하생의 세 번째 인연처인 금강산 발연사에는 다음과 같은 설화가 전해져 온다. 발연사 부근에 제석천을 새긴 큰 바위가 하나 있었다. 이 바위는 매일 두 사람 분의 쌀이 흘러나와서 쌀바위로 불렸다. 어떤 노승(老僧)이 어린 상좌를 데리고 그 쌀바위 근처로 와서 기도하고 있었는데, 쌀이 나오는 그곳에 어린 상좌를 두고 자신은 그곳에서 20리나 되는 효양고개를 넘어 부처바위라는 곳에서 정진했다.

어린 상좌는 매일 그 쌀바위에서 쌀을 받아 20리 길을 걸어서 스승이 있는 부처바위로 가져다 주었다. 그러던 어느 해 겨울 산길을 분간할 수 없을 만큼 폭설이 내렸다. 어린 상좌는 눈길을 헤치고 스승에게 쌀을 가져다 주는 일이 막막하게 느껴졌다. 상좌는 한참 동안의 생각 끝에 한꺼번에 며칠 분의 쌀을 스승에게 가져다 주겠다는 생각으로 쌀바위에 쌀이 나오던 구멍을 후벼 파서 넓게 만들었다.

그랬더니 지금까지 한 알씩 나오던 쌀이 뚝 끊기고 아무리 기다려도 쌀은 더 이상 나오지 않게 되었다. 상좌는 하는 수 없이 빈손으로 스승이 있는 부처바위로 찾아갔다. 스승은 앉아서 열심히 지장보살만 외고 있었다. 속을 태우던 상좌는 보살만 찾고 있는 스님을 보자 "스님!" 하고 불렀다. 스승은 돌아보지도 않았다. 상좌는 또다시 "스님! 스님!" 하고 거듭 불렀다. 이번에도 스님은 대꾸가 없었다. 그러자 상좌는 스승의 '지장보살' 염불에 맞춰 "스님! 스님! 스님!…" 하고 자꾸 스님만 불러댔다.

짜증이 난 스승은 상좌를 혼내주려고 자리에서 벌떡 일어났다. 상좌는 달아나면서 계속 "스님! 스님! 스님!…" 하고 불러댔다. 그러자 노승이 격분하여 목탁을 집어던지고 상좌를 쫓기 시작했다. 그제야 어린 상좌는 자기 스님을 향해 공손하게 절을 하고 나서 말했다.

"스님께서는 '스님!' 하고 열 번도 채 부르기 전에 골을 내시는데 아무 대답도 없는 지장보살을 몇 해씩이나 날마다 부르니 보살님이 화가 나서 쌀바위에서 쌀이 안 나오게 하셨습니다."

상좌의 이야기를 들은 스승이 대답했다.

"쌀바위에서 쌀이 나오지 않는 것은 내가 불공을 잘 드리지 못한 탓이다."

그러고는 다시 기도를 드리러 부처바위로 발을 옮기려 했다. 이때 상좌가 다시 스승을 부르며 말했다.

"저는 억만 번의 지장보살을 한꺼번에 불러 기도를 다 하였기에 오늘부터 하직하려고 합니다."

이 말 끝에 상좌는 스승께 예를 표하고 하산하고 말았다.

이 어린 상좌가 바로 진표율사라고 한다.

신라의 마지막 미소를 간직한 미륵성지

마을로 내려온 부처님

미륵보살 혹은 미륵부처님과의 수많은 인연처 가운데 충주에 자리 잡은 미륵사지는 여러 가지 의미를 간직한 곳이다.

삼국시대 도입 초창기의 미륵도량은 익산 미륵사지나 금산사, 법주사처럼 왕실의 전폭적인 지원 속에서 대규모 불사를 통해서 조성되었다. 특히 익산 미륵사지는 그 전까지 나무로 조성했던 불탑을 규모와 수법 그대로 돌로 조성할 만큼 국가적인 사업으로 추진했으며, 다른 사찰의 경우도 미륵장육불상을 조성한다든지 아니면 금산사 미륵전이나 법주사 팔상전처럼 다른 신앙처에 비해서 압도적인 규모를 자랑하는 조형물과 전각을 세우는 것으로 특징을 삼았다.

이 같은 특징은 고려시대 초기에도 그대로 이어지는데, 후삼국을 통일하고 난 후 처음 조성한 논산 개태사 불상이나 관촉사 은진미륵(관음보살상임에도 미륵이라는 이름으로 불리고 있음)에서도 힘찬 기상과 거대한 규모가 특징으로 남아 있다.

고려시대까지 왕실 주도의 불사에 힘입은 대규모 미륵도량은 고려 후기로 내려가면서 점차 백성들 속으로 뿌리를 내리면서 형식과 규모와 내용 면에서 현격한 변화를 가져온다. 가령, 왕실이나 지방 호족 주도의 불사가 민간 중심으로 바뀌면서 규모가 축소되고, 민간신앙과의 결합 속에서 장승이나 선돌을 미륵불로 여겨 신앙의 대상으로 삼는 마을미륵이 나타나기 시작했다.

화순 운주사의 천불천탑은 후대 미륵도량의 대표적인 조형물들이 한 군데 모여 존재하는 곳이라면 충청남북도와 호남, 영남 일부 지역은 수많은 석조미륵상들이 산재해서 존재하며 미륵불의 하생과 함께 열릴 용화세상을 염원하고 있다.

한반도의 중심부에 자리 잡아 교통의 요충지였던 충주 미륵사지는 이와 같은 전반기 미륵신앙의 특징과 후반기 특징을 함께 간직하고 있는 곳이다.

조선조 태종 14년(1414년)에 인근에 문경새재가 뚫리기 전까지 미륵사지 옆으로 난 하늘재(계립령)는 오랜 기간 동안 영남지역과 충

미륵기도 도량 충주 미륵사지

기도 도량을 찾아서

청, 기호지방을 잇는 교통로 역할을 해왔다. 『삼국사기』에 보면 "아달라 이사금 3년(156년)에 계립령을 열었다."는 기록이 남아 있으니 아마도 문헌상에 소개된 사람이 만든 고갯길 가운데 가장 오래된 고개가 이 하늘재가 아닐까 싶다.

하늘재의 문경 쪽 입구의 지명이 관음리이고 충주 쪽 지명이 미륵리인 점도 재미있다. 높고 험한 고갯길을 관음보살의 자비에 의탁해서 넘어가면 미륵부처님이 상주하는 도솔천에 다다를 것 같은 심정을 이렇게 지명으로 남긴 것이 아닌가 한다.

신라부흥군의 주둔지

하늘재를 넘어서 왼편으로 길게 펼쳐진 언덕에 자리 잡은 곳이 미륵사지다. 서울에서 가자면 수안보를 거쳐 문경새재 방향으로 가다가 왼편 월악산 국립공원으로 들어서면 10여 분만에 도착할 수 있다.

경순왕의 아들과 딸인 마의태자와 덕주공주가 나라를 잃고 금강산으로 들어갈 때 이곳 하늘재를 넘으며 하루를 묵었다고 한다. 이날 밤 둘은 동시에 꿈을 꾸었는데 관세음보살이 나타나 "고개를 넘으면 절을 지을만한 터가 있으니 그곳에 절을 짓고 북두칠성이 마주 보이는 영봉에 마애불을 조성하면 억조창생에 자비를 베풀 수 있다."는 말을 남기고 사라졌다.

관세음보살의 말씀대로 덕주공주는 마주보이는 월악산 암벽에 마애불을 조성했고, 마의태자는 미륵리에 머물면서 미륵불상을 조성하여 미륵사를 창건했다. 고려시대 때 몽고군의 침탈로 전소되면서 폐사지로 변했지만 불상과 석탑, 석등, 귀부 등의 유적이 남아 있어 지금도 기도처로 손색이 없다.

그런데 여기서 한 가지 생각해 볼 일이 있다. 경순왕이 나라를 고려에 바치자 이에 실의에 가득차서 비통해 하며 평생 마의를 걸치고 금강산으로 들어가 산나물을 캐어 먹으며 살다 죽었다는 마의태자가 모든 걸 다 버리고 떠나는 그 길에 절을 창건했다는 것이 사리에 맞지 않는다.

마의태자에 관한 최초 기록은 김부식이 쓴 『삼국사기』이다. 『삼국사기』의 관련 대목을 살펴보면 다음과 같다.

935년 10월 김부대왕(김부는 경순왕의 이름. 죽은 후 고려 왕조에서 경순왕이라 시호를 내림)은 군신회의를 열어 신라를 고려에 넘겨주고자 했다. 이때 태자가 말하기를 "나라의 존망에는 반드시 천명이 있으니 마땅히 충신의사와 더불어 민심을 수합하여 스스로 굳게 함이 다한 후에 말 것이니 어찌 천년 사직을 하루아침에 쉽사리 내어 주겠습니까?" 했다.

김부대왕은 "나라의 외롭고 위태함이 이와 같아 형세는 능히 온전히 할 수 없으니 백성을 차마 내가 참혹하게 할 수 없다." 하며 고려에 나라를 넘기기로 결정했다. 그리고 김봉휴를 왕건에게 보내

나라를 넘길 뜻을 전하게 했다. 마의태자는 이때 경순왕의 뜻에 반대하며 개골산으로 들어가 삼베옷을 입고 일체의 육식을 하지 않고 살다 죽었다고 전한다.

『삼국사기』 이후 136년 뒤에 쓰여진 『삼국유사』에서도 삼국사기의 기록을 그대로 옮기면서 한 줄 더 붙인 것이 "태자는 개골산으로 들어가고 막내왕자는 머리를 깎고 화엄종에 귀속해 승려가 되었는데 범공이라 하였다. 법수사, 해인사에 머물렀다."는 것 정도다.

족보 연구를 통해 신라의 왕이었던 박(朴) 석(昔) 김(金)의 세 성씨의 연원을 찾아 책으로 묶었던 『신라삼성연원보』(김경대 편저, 1934년 간행)에는 이보다 좀더 자세하게 기술되어 있다.

> "이때(김부대왕이 고려에 나라를 넘겨주자) 왕자 전(佺)과 곤(琨)은 스스로 자결했으며, 왕자 굉(宏)은 출가하여 성주 법수사를 거쳐 해인사로 들어가 버렸다."

곳곳에 남아 있는 마의태자 관련 설화들을 종합해 볼 때, 태자는 누이동생 덕주공주를 데리고 월성을 떠나 영천의 금강산성과 모자산을 거쳐 군위의 적라산, 상주 천봉산, 문경 조령, 괴산 연풍의 계립령을 거쳐 마침내 월악산에 입산한 것으로 보인다. 태자 일행은 이곳에서 8년을 머물며 덕주사와 미륵사를 창건하여 이곳을 본격 신라 부흥운동의 근거지로 삼아 버티다가 그 뒤 여의치 않자 태자

미륵기도 도량 충주 미륵사지

일행은 국망봉을 넘어 원주 치악산자락으로 옮긴 후 다시 양평 용문산과 홍천 지왕동을 거쳐 인제에 이르러 그곳을 최후의 근거지로 삼고 아마도 꽤 오랜 기간 동안 머물렀던 것으로 보인다.

인제군 상남면에 가면 김부리라는 마을과 김부대왕로라는 도로명이 있다. 김부는 경순왕을 말하는데 아마도 마지막 왕인 경순왕의 이름을 빌어 신라 부흥운동을 했기 때문으로 보인다. 지금은 육군 포사격 연습장으로 마을이 소개되었지만 인근에는 신라 부흥운동과 관련한 수많은 지명과 유적이 남아 있다.

신라 마지막 미소

쓸쓸한 폐사지이지만 이곳이 한때 의기에 찬 신라 유민들의 간절한 바람이 깃들어 있던 곳이어서 그런지 지금은 먼 곳을 응시하는 미륵불처럼 소박한 소망을 간직한 사람들의 기도처가 되어 있다. 절 입구 왼편에 놓인 귀부는 전국에서 가장 큰 규모를 자랑하는데 비신은 애초 없었는지 아니면 소실되었는지 등 위에 앙증맞은 새끼 거북 두 마리가 새겨져 있다.

석탑과 석등도 운주사에서 볼 수 있는 석탑처럼 석공의 솜씨가 거칠고 지방화된 양식을 보여주고 있는데 같은 솜씨의 투박한 미륵불상이 북쪽 하늘을 응시하며 서 있다. 다른 부분은 돌이끼에 색이 바랬는데 갓을 쓴 상호는 하얗게 웃고 있어 신비감이 더한다.

불상 오른편으로는 "계립령 서쪽 땅을 되찾기 전에는 돌아가지 않겠다."며 여기까지 내려왔던 고구려 온달 장군이 가지고 놀던 공깃돌이 있다. 말이 공깃돌이지 밀어도 꿈쩍하지 않는 바윗돌이다. 아마도 그 공깃돌과 공깃돌이 놓여 있는 너럭바위 자체가 오래전부터 전해져 내려오는 민간신앙의 기도처로 여겨진다.

천 년이 넘는 세월 동안 이 자리에 지키고 서서 하늘재를 넘나드는 수많은 사람들의 곡절 많은 사연을 바라보고 들어주었을 미륵부처님이니 그 수많은 사람들에게는 이곳 미륵리가 미륵부처님이 계신 도솔천이요, 미륵부처님이 강림해서 열린 용화세상에 다름 아닐 것이다.

경주 남산에 가면 삼화령 애기부처가 있다. 앳된 미소 때문에 삼화령 애기부처라고 하는데 신라 선덕여왕 때 새겨진 미륵부처다. 삼화령 애기부처가 미륵신앙이 점차 퍼져 나가기 시작할 무렵 신라의 미륵부처님 웃음이라고 한다면, 여기 미륵사지 부처님의 미소는 새 왕조 고려에 복속되었던 찬란했던 신라가 남긴 마지막 미소일 듯싶다.

관음보살

보살의 존재를 믿고 신앙의 대상으로 삼는 대승불교
권에서 관세음보살은 가장 친숙하고 광범위하게 기도의 대상으로
삼는 존재이다.

일반적으로 보살은 위로는 깨달음을 구하고 아래로는 중생 구제
를 서원한다. 불교의 요체가 지혜의 완성과 자비의 실천이라고 할
때, 중생을 포함한 세상 전반을 구원의 대상으로 바라보려는 관음
보살의 대자대비한 태도는 그 자체가 이미 깨달음의 눈을 견지한 것
이라고 본다.

즉, 세상에 존재하는 모든 유정 무정한 중생들의 과거와 현재와
미래, 그리고 그들 사이의 복잡다단한 관계를 이해하면서 갖게 되
는 원초적인 긍휼심이 바로 대자대비다. 중생을 바라보며 그런 깊

고 넓은 자비심을 갖추게 된다면 따로 구할 지혜가 없다는 것이다.

관음보살을 신앙한다는 것은 머리로나 입으로나 항상 '관음보살'을 염하면서 관음보살의 대자대비함을 닮고자 하는 수행이다. 즉, 세상을 지극한 긍휼함으로 바라보면서 모든 사물과 현상을 이해하는 것이다.

그러기에 관음신앙은 항상 입으로 관음보살을 염하는 것에서 시작된다. 티베트불교에서 '옴마니반메훔'을 염하는 것이나, 우리나라와 중국, 일본에서 '관세음보살' 혹은 '나무묘법연화경'을 염하는 것이나 다르지 않다. 지극한 자비심으로 세상을 바라보려는 끊임없는 연습을 통해서 나의 존재와 세상과의 관계, 객관적인 세상의 존재 자체를 증득하는 것이다.

관음보살은 관세음보살(觀世音菩薩), 광세음보살(光世音菩薩), 관세음자재보살이라고도 하며, 줄여서 관음보살이라고 부른다. 『화엄경』, 『법화경』, 『아미타경』, 『능엄경』 등 거의 대다수의 대승경전에서 자비의 화신처럼 등장한다.

대표적으로는 『화엄경』 「입법계품」에서 선지식을 찾아 헤매는

선재동자의 여정 처음과 끝에 나타나 가르침을 주는 대목이 있다. 또한, 『법화경』에도 관음보살의 이름을 마음에 간직하고 염불하는 것만으로도 큰 불도 능히 태우지 못하고, 홍수에도 떠내려가지 않으며, 모든 악귀도 괴롭힐 수 없고, 칼과 몽둥이는 부러지고 수갑과 족쇄는 끊어지고 깨어진다고 쓰여 있다.

『화엄경』, 『법화경』, 『아미타경』, 『능엄경』 등 모든 대승경전에 나타나는 관음보살은 절대적인 자비를 통해서 세상을 구하고 모든 생명 있는 자들에게 이익을 주고자 힘쓴다.

관음보살의 종류는 모두 33종으로 나눈다. 본신인 성관음(聖觀音) 외에 천수관음(千手觀音), 십일면관음(十一面觀音), 여의륜관음(如意輪觀音), 마두관음(馬頭觀音), 준제관음(准提觀音) 등 대표적인 여섯 관음을 육관음이라 하고, 여기에 불공견삭(不空羂索)을 더하여 칠관음이라 하기도 한다. 이 외에 양류(楊柳)·백의(白衣)·엽의(葉衣)·다라(多羅)·대세지(大勢至) 등 여러 관음보살의 화신보살이 있다.

이 가운데 십일면관음보살은 석굴암 주존불 뒤편에 새겨진 그 보살이다. 11개의 얼굴을 가진 관세음보살로서, 본얼굴을 제외하고 머리 부분 정면과 옆 그리고 뒤에 열한 가지 얼굴을 더 가지고 있다.

앞의 3면은 자상(慈相: 자비로이 웃는 모습)으로서, 선한 중생을 보고 자심(慈心)을 일으키는 것을 나타낸다. 왼쪽의 3면은 진상(瞋相: 성낸 모습)으로 악한 중생을 보고 비심(悲心)을 일으켜 고통에서 구하려는 뜻을 나타낸 것이고, 오른쪽의 3면은 백아상출상(白牙上出相: 이를 드러내어 미소짓는 모습)으로서 정업(淨業)을 행하고 있는 자를 보고는 더욱 정진하도록 권장함을 나타낸 것이다.

뒤의 1면은 대폭소상(大暴笑相: 크게 웃는 모습)으로서 착하고 악한 모든 부류의 중생들이 함께 뒤섞여 있는 모습을 보고 이들을 모두 끌어안는 큰 도량을 보이는 것이다. 마지막으로 얼굴은 부처님 모습을 그린 것으로 근기(根機)가 수승한 자들에게 최상의 진리를 설하는 것을 나타낸 것이다.

신라시대 삼랑사(三郎寺)에 머물러 있던 경흥스님은 갑자기 병이 들어 여러 달이 경과하도록 낫지 않았다. 하루는 비구니가 나타나서 "스님의 병은 근심으로 인해서 생긴 것이니 즐겁게 웃으면 나을 것"이라 하고, 열한 가지 모습으로 변하면서 춤을 추었다. 경흥스님은 그 모습이 너무나 기괴하여 턱이 떨어질 지경으로 웃고 나자 병이 나았다고 한다. 이 비구니가 바로 십일면관음의 화신이었다고 한다.

우리나라에서 관음신앙을 확산시킨 사람은 의상대사이다. 의상

기도 도량을 찾아서

은 당나라에서 귀국한 직후, 관음보살의 진신(眞身)을 친견하고자 동해의 관음굴로 가서 「백화도량발원문(白華道場發願文)」을 짓고 관음기도를 했다고 한다. "관세음보살이 이마 위에 아미타불을 이고 계심과 같이 관음대성을 이마 위에 모시고 영원한 본사(本師)로 삼겠다."는 요지의 서원이었다.

관음신앙은 또한 대비원(大悲院)·보통원(普通院)·제위보(濟危寶) 등 고려시대 구호사업기관 운영의 사상적 배경이 되었다.

우리나라에는 3대 관음성지인 동해의 낙산사, 남해의 보리암, 강화도 보문사 외에도 수많은 관음 영험 도량이 산재되어 있다. 여수의 향일암과 금강산 보덕굴까지를 묶어 5대 관음성지라고도 하지만, 이 외에도 설악산의 오세암, 논산의 관촉사, 강진 무위사, 소요산 자재암, 서울 옥천암, 안양 삼막사, 창신동 안양암, 양평 상원사, 경주 분황사, 청주 보살사, 제천 정방사, 임실 상이암, 대구 임휴사, 불암산 학도암, 동해 관음사 등도 모두 특이한 이적을 보였던 관음성지이다.

이 책에서는 심청전의 원형으로 알려진 원홍장 설화가 창건설화로 남겨진 곡성의 성덕산 관음사를 소개한다. 대개 관음성지가 바닷가에 위치하는 데 반해 성덕산 관음사는 산간에 위치하고 있으며, 창건기를 그대로 따른다면 우리나라에서 가장 오래 된 관음성지이기 때문이다.

최초의 관음기도 도량 **곡성 관음사**

———

꿈처럼, 소설처럼 다녀가시는 절세미인

———

우리나라 최초의 관음기도처

"내 어려서 여러 산을 두루 다녔는데, 다행히 관음사에 이르러 장로스님께서 말씀하시는 관음보살님의 은밀한 자취를 듣게 되었다."

이렇게 시작하는 곡성 「관음사사적」은 영조 5년(1729년)에 백매자(白梅子) 스님이 작성한 것으로 전해진다. 관음사는 산 너머 송광사와 견줄 만큼 대찰이었다고 하는데, 현재는 한국전쟁 때 아군에

의해서 전소된 후 겨우 당우 몇 칸으로 명맥을 유지하는 절로 남아
있다.

묻혀 있었던 이 사적을 일제시대 고전 소설 연구로 이름을 날리
던 김태준이 1930년 그의 저서 『조선소설사』에 소개하며, 우리나라
최초(301년 창건)의 관음기도처인 관음사의 위상과 창건 설화이자 심
청전의 원본으로 추정되는 「원홍장 설화」까지 세상에 알려지게 하
는 계기를 만들었다. 그 내용은 이렇다.

"옛날 충청도 대흥현이라는 곳에 원량이라는 장님이 살았는데,
그에게는 홍장이라는 수려한 용모에 마음씨 고운 딸이 하나 있
었다. 하루는 성공이란 법명의 스님이 지나가다 원량을 보고 다
짜고짜 큰절을 올리며 말했다.

'간밤에 꿈속에서 신인이 나타나서 동네서 장님을 만날텐데 그
사람이 대화주가 될 것이라고 전해 주었습니다.'

원량은 자신은 가난한 장님에 불과함을 설명했으나 스님은 거
듭해서 화주가 되어 줄 것을 요청했다. 결국 스님에게 화주가
되겠노라고 약속하고 돌아온 원량은 밤새 근심 때문에 한잠도
못 이루고 노심초사하며 딸인 홍장에게 이 사실을 털어 놓았다.
마침 이때 중국 진나라의 사신들이 찾아와서 진나라 혜제(惠帝)
의 새 황후 될 분이 동국에 있다는 얘기를 듣고 찾아 헤매다 알
수 없는 이끌림으로 이곳까지 오게 됐다고 설명하며 홍장에게

혜제의 황후가 되어 줄 것을 청했다.

원량 부녀는 사신이 가지고 온 예물을 받아 성공스님에게 시주하고, 홍장은 중국으로 건너가 진나라 혜제의 황후가 되어 황제의 총애를 한몸에 받으며 살았다. 황제가 죽고 보타산 관음성지로 들어간 홍장은 여생을 정업을 닦으며 지냈다고 한다.

홍장은 황후로 살면서도 고국을 항상 그리워해서 53부처님과 500성중 그리고 16나한상을 만들어 보냈는데 이 불보살상을 모신 곳이 바로 감로사요, 그 뒤 금동관음보살상을 조성해서 돌배에 실어 보냈을 때, 옥과현에 살던 성덕이라는 처자가 발견해서 여러 곳을 순력하며 인연처를 찾아 헤매다 결국 모시게 된 곳이 바로 지금의 관음사다."

일심으로 지송하고, 찬탄하면 해탈!

삼국을 통틀어 불교가 최초로 공인된 해가 고구려 소수림왕 2년 (372년)인 것과 비교해 볼 때, 관음사의 창건 연대는 이보다 70여 년 앞선다. 만약 이 창건 설화를 그대로 받아들인다면, 관음사는 우리 나라 최초의 관음기도처라고 할 수 있다.

관음보살은 중국의 보타락가산이나 우리나라에서도 흔히 3대 관음기도처라고 말하는 양양의 낙산사, 강화 보문사, 남해 보리암처 럼 바다에 인접한 곳들이 대부분인 데 비해 관음사는 대표적인 산지 관음기도처다.

일반적으로 대승불교의 보살은 상구보리(上求菩提) 하화중생(下化 衆生)의 공통된 서원을 가진다. 그 가운데 문수는 지혜제일이요, 보현은 실천제일이며, 지장은 원력제일이라는 특징을 가지는 것과 비교할 때, 관세음보살은 자비제일이다. 항상 중생을 제도하려는 서원으로 중생의 몸으로 응신하여, 일체중생이 느끼는 험한 길의 공포, 어리석음의 공포, 얽매임의 공포, 죽음의 공포와 빈궁의 공포, 살해의 공포, 악도(惡道: 지옥에 떨어짐)의 공포, 윤회의 공포 등 모든 공포로부터 떠나게 한다.

관세음보살은 세상을 구하고 생명 있는 자들에게 이익을 주는 보살이다. 부처님께서 몸소 보여주신 가르침을 대자대비라고 표현한다. 즉, 인연이 없어도 모든 중생에게 고르게 자비를 베풂으로써 차

별 없이 모든 중생이 모든 속박으로부터 벗어나게 한다는 뜻이다. 이 부처님의 대자대비한 권능을 실행하는 보살이 바로 관세음보살 이다.

그러므로 모든 불행한 중생이 관세음보살의 이름을 지송하고, 항 상 마음속에 새겨서 공경하고 예배하면 해탈을 얻게 된다. 어떠한 고난이나 재액에서도 관세음보살을 칭념하면 반드시 해탈을 얻게 된다는 것인데, 그 칭념을 통해서 관세음보살과 중생은 일체감을 형성하고, 하나가 된 세계에서 자비로운 원력(願力)이 작용하여 소 원을 성취하는 것이다.

관세음보살은 성관음(聖觀音), 천수관음(千手觀音), 십일면관음(十 一面觀音), 여의륜관음(如意輪觀音), 마두관음(馬頭觀音), 준제관음(准

국내 유일의 어람관음상이
곡성 관음사에 있다

提觀音) 등으로 여섯 관음이 대표적이지만 여기에 불공견삭(不空羂索)을 더하여 칠관음이라고도 하며, 백의(白衣), 엽의(葉衣), 다라(多羅), 대세지(大勢至) 등 각종 관음을 더해서 32관음 혹은 33관음으로 부르기도 한다. 이 가운데 성관음이 본신이고 다른 관음은 보문시현(普門示顯: 여러 곳에 두루 나타남)의 변화신(變化身) 곧, 응신이다.

절세미인 어람관음

관음사에는 우리나라 사찰로서는 유일하게 수많은 관음보살 가운데 어람관음(魚籃觀音)상이 모셔져 있는 곳이다. 어람관음은 『서

유기』에도 소개된 적이 있는 보살로서 통천강의 물고기들에게 잡힌 삼장법사를 구하기 위해 응신하여 "죽은 것은 흘러가거라. 살아 있는 것은 작아져서 이 바구니 속으로 들어가라"는 주문을 외쳐서 사악한 물고기들을 작은 바구니 속에 잡아 갔던 그 관음보살님이시다.

물고기 바구니를 들고 있거나 물고기를 잡고 있어서 어람관음으로 불리지만 달리 마랑부관음이라고도 불리는데 이 기원은 당나라 때 중국 고사에서 기원한다.

당나라 헌종 연간에 섬서성 사람들의 성질이 난폭했다고 한다. 살인이 횡행하고 사람들 사이에 질투와 시기가 만연했으며, 거짓과 간탐을 일상적으로 저지르는 무법지대였는데, 이것을 본 대자비보살이 서원을 세워서 이 지방 금사탄이라는 곳에서 바구니에 생선을 담아 파는 젊고 아리따운 여인의 모습으로 화현하였다.

어느 날 갑자기 절세의 미인이 나타나니 고을의 청년들은 앞을 다투어 청혼했다. 이에 어람미인은 이 수많은 청년들에게 『관음경』을 나누어 주며 내일까지 밤새워서 다 외워오는 사람과 혼인을 하겠다고 약속했다.

다음 날 많은 청년 가운데 수십 명이 『관음경』을 달달 외우며 혼인할 것을 청하자, 어람미인은 "내 어찌 몸 하나로 여러 남자를 섬길 수 있으리오?" 하면서 다시 『금강경』을 나누어 주며 다음 날까지 외워오는 사람을 섬기겠다고 말한다.

이튿날 『금강경』을 외워서 나온 청년이 10명으로 줄었으나 어람미인은 다시 『법화경』을 나누어 주며 3일 동안 『법화경』을 외워오는 사람과 혼인하겠다고 약속한다. 이윽고 사흘 뒤, 그녀 앞에 나타나 『법화경』을 다 외운 청년은 마씨 성을 가진 마랑(馬郞) 한 사람뿐이었다.

두 사람은 혼인 준비를 마치고 마침내 혼인식을 하려는데 급작스럽게 어람미인이 쓰러져 죽어 버렸다. 마랑은 슬픔을 못이긴 채 정성껏 장례를 치르고 백 일째 되는 날 한 노스님이 나타나서 말했다.

"그 여인은 관음보살의 화현이라네."

이 말을 들은 마랑이 무덤을 파헤쳐 보니 무덤 속에는 향내가 진동하고 황금빛 뼛조각이 빛을 발하고 있었다. 노스님이 들고 있던 지팡이로 뼈를 헤치자 뼛조각마저 공중으로 날아가 흔적도 없어져 버렸다. 그 뒤 이 고을 사람들은 일체의 사악함을 여의고 평화롭게 생업에 종사하는 선량한 사람으로 바뀌게 되었다고 한다.

어람관음의 화현 성덕보살상

성덕낭자의 이름에서 딴 이름 그대로 성덕산 골짜기 깊은 곳에 위치한 주차장에서 내려 걷다보면 먼저 반기는 것이 넓은 연못을 가득 메운 수련 꽃송이들이다. 진흙에서 피어나는데도 깨끗한 자태를 뽐내는 것이 연꽃이라지만 오래 들여다보면 볼수록 신비로울 만큼 군더더기 없는 깔끔한 자태다.

성덕낭자의 얼굴을 그대로 조성한 관음보살상

최초의 관음기도 도량 곡성 관음사

　연못에 물을 대는 시냇물을 따라 오르면 이 지역 또 다른 대찰인 태안사에서처럼 시냇물을 건너 진입하는 문이자 누각인 금랑각(錦浪閣)이 눈에 든다. 아마도 한국전쟁의 와중에서도 상흔을 입지 않은 유일한 건물인 듯싶다.

　금랑각을 지나 현판을 붙이지 않았지만 안에 모셔진 금강역사로 미루어 볼 때 금강문 혹은 불이문이지 싶은 문을 지나면 널따란 절마당이다. 정면에는 주 법당 자리였던 빈터가 있고 그 왼편에 근래 새로 조성한 듯한 극락보전이 놓여 있다.

　크지도 작지도 않은 이 극락보전은 현판과 주련의 서체와 형식이 특이하다. 전명옥이란 서각가가 썼는데, 특히 이 가운데 주련은 한글로 "극락전의 아미타불 보름달 같은 얼굴/한량없는 지혜의 빛 온

허공을 비추나니/누구든지 일념으로 그 이름을 부르오면/무량공덕 원만하게 한 순간에 이르리라"라고 써 있다.

원통전 바로 앞에 자리 잡은 어람관음상은 마치 다산을 상징하는 원시 비너스상처럼 옆구리에 커다란 물고기를 끼고 있는 억척스런 모습이다. 아마도 원시 비너스상을 조성할 때 미의 기준이 그랬듯이 관음사 어람관음을 조성한 시대와 사람들이 현실적으로 갖게 되는 미 의식은 지금과는 많은 차이가 있었던 것으로 보인다.

대신 원통전 안으로 들어가면 수미단 위에 작은 유리상자 안에 상호 일부분만 남은 성덕보살상이 있다. 한국전쟁 때 관음사 전체가 불에 탔을 때 유일하게 건진 성보문화재라고 알려진 이 성덕보살상은 창건설화에 나오는 성덕낭자의 모습을 불상으로 조성했다고 전한다. 이마 위 육계 부분과 목 아래 몸체 부분이 소실되어 그야말로 얼굴만 남았지만 남아 있는 상호만으로도 중국 고사 속의 어람미인에 비견할 절세미인의 자태가 우러나온다.

금랑각 난간에 서서 흐르는 물을 내려다본다. 관음보살의 응신을 의상스님은 알아채고 원효스님은 알아보지 못했다고 하는 『삼국유사』의 일화처럼 뻔한 스토리로 받아들이는 심청전과 흥부전과 춘향전과 이솝우화와 자타카의 교훈들 속에서 번득번득 쉼 없이 화현하는 관음보살을 알아채지 못하고 허둥지둥 사는 건 아닌지.

원홍장과 성덕낭자 그리고 심청이까지, 시대와 형식, 현실과 허구를 넘나들며 우리 곁에 왔다 간 어람미인이요 관음보살들이다.

3대 관음기도 도량 양양 낙산사, 남해 보리암, 강화 보문사

한국을 대표하는 기도 성지,
바다에 피어난 세 송이 연꽃

양양 낙산사

낙산은 산스크리트의 보타락가(補陀洛伽 Potalaka)에서 유래한 말이다. 티베트의 포탈라궁처럼 관세음보살이 항상 상주하는 곳을 뜻한다. 우리나라를 대표하는 관음성지 낙산사는 문무왕 11년(671년)에 의상대사가 창건하고 858년 사굴산문의 개조였던 범일스님이 중건했다고 전해진다.

『삼국유사』에는 의상대사의 창건담이 남아 있다. 의상대사가 주변을 정갈하게 하고 7일 동안 정좌하고 앉아 기도한 후, 앉았던 자리를 물속으로 던지니 천룡팔부가 나와서 스님을 관음굴로 모셔갔

다. 굴속에 들어가서 공중을 향해 예배를 올리자 공중에서 수정 염주 한 벌이 내려와 이것을 두 손으로 받자, 이번에는 동해용이 여의보주를 바쳐서 이 또한 받아 지녔지만 관음보살의 진신을 친견하지는 못했다.

다시 7일 동안 지극한 마음으로 염불하니 마침내 관음보살의 진신을 친견하게 되었다. "이 자리 위에 쌍죽(雙竹)이 나는 곳에 불전을 지으라"는 지시에 따라 의상은 낙산사를 창건하고, 친견한 진신의 모습과 같은 관음상을 조성해서 법당에 모시고 수정 염주와 여의보주를 함께 불전에 모셨다.

뒤에 원효스님도 관음진신을 친견하기 위해서 낙산사를 찾았다고 한다. 낙산사로 향하는 도중에 벼를 베고 있는 흰 옷 입은 여자를 보았다. 희롱 삼아 그 벼를 달라고 하였더니, 여인은 벼가 열매를

맺지 않았다고 대답했다. 또 가다가 다리 밑에 이르렀는데, 빨래를 빨고 있는 여인을 만났다. 원효가 먹을 물을 청하자 그 여인은 핏빛 어린 물을 떠서 주었다.

그 물을 더럽게 여긴 원효는 냇물을 다시 떠서 마셨는데, 소나무에 앉았던 파랑새가 "제호(醍醐)를 싫다고 하는 화상, 제호를 싫다고 하는 화상"이라 하면서 조롱 섞인 노래를 불렀다. 잠시 뒤 여자와 새는 사라지고 짚신 한 짝만 남아 있었다.

낙산사에 도착한 원효는 관음상 밑의 냇가에서 보았던 것과 같은 짚신 한 짝이 있음을 발견한 뒤, 전에 만났던 여자가 관음의 진신임을 깨달았다. 후회와 함께 관음굴로 들어가서 진신을 친견하려 하였으나 풍랑이 크게 일어 뜻을 이루지 못했다고 한다.

『삼국유사』에는 낙산사와 관련한 기록이 세 가지가 전한다. 앞서 의상대사와 원효대사의 관음보살 친견기를 적은 「낙산이대성」이 하나요, 소설과 뮤지컬로 만들어졌던 「조신의 꿈」 이야기가 두 번째고, 구산선문 가운데 가장 컸다고 전해지는 강릉 사굴산문의 개조 범일국사와 정취보살의 만남을 이야기한 것이 세 번째다.

옛날 영월 땅에 대화산이란 곳에 세달사라는 절이 있었다고 한다. 의상대사의 손상좌였던 신림(神琳)스님이 이 절 주지로 있을 때, 강릉 인근에 이 절에 속한 농장이 있어 조신(調信)이라는 젊은 스님을 파견해서 농장을 관리하게 했다. 조신은 태수 김흔(金昕)의 딸을 처음 보고 아주 반해서 매양 낙산사 관음보살님께 그 여인과 함께 살게 해 달라고 빌었다. 하지만 김흔의 딸은 다른 남자에게 시집가기로 결정됐다는 소문이 돌았다.

조신은 낙산사를 찾아가 자신의 소원을 들어 주지 않는 관음보살을 원망하며 구슬피 울다가 까무룩 잠이 들어버렸다. 조신은 잠이 들어 꿈을 꾸게 되었는데 꿈속에서 갑자기 김씨 낭자가 사뿐사뿐 다가와 활짝 웃으며 말했다.

"저는 스님을 처음 뵙고 마음속으로 사모해서 한 시도 잊지 못했으나 부모의 명령에 못 이겨 억지로 다른 사람에게로 시집을 갔습니다. 그러나 지금은 스님과 함께 살고자 몰래 도망쳐 왔으니 저를 받아 주십시오."

조신은 매우 기뻐하여 승복을 벗고 그녀와 함께 고향으로 돌아가서 살게 되었다. 조신은 그녀와 사십여 년을 같이 살면서 자식을 다섯이나 두었다. 처음엔 행복했지만 땅도 집도 없이 처자식을 데리고 사는 것은 그야말로 고통이었다. 열다섯 살 큰아이가 굶어 죽고 열 살 난 아이는 구걸하러 나갔다가 개에 물려 드러눕게 되었다.

부부 앞에 누워 신음하는 아이를 두고 눈물짓다가 부인이 결심한

듯이 말했다.

"내가 처음 그대를 만났을 때는 얼굴도 아름답고 나이도 젊었으며 입은 옷도 깨끗했습니다. 음식 한 가지라도 당신과 나누어 먹었고, 옷감 두어 조각이 생겨도 나누어 입었습니다. 그러나 근년에 와서는 쇠약한 병이 해마다 더해지고 굶주림과 추위도 날로 더욱 닥쳐오는데 남의 집 곁방살이나 하찮은 음식조차도 빌어서 얻을 수가 없게 되었습니다. 문전에서 걸식하는 부끄러움은 산더미보다 더 무겁습니다. 아이들이 추워하고 배고파도 미처 돌봐주지 못하는데 어느 겨를에 사랑에 있어 부부간의 애정을 즐길 수가 있겠습니까? 붉은 얼굴과 예쁜 웃음도 풀 위의 이슬이요, 지초(芝草)와 난초 같은 약속도 바람에 나부끼는 버들가지입니다. 이제 그대는 내가 있어서 누(累)가 되고 나는 그대 때문에 더 근심이 됩니다. 가만히 옛날 기쁘던 일을 생각해 보니, 그것이 바로 근심의 시작이었습니다. 그대와 내가 어찌해서 이런 지경에 이르렀습니까? 뭇 새가 다 함께 굶어 죽는 것보다는 차라리 짝 잃은 난조(鸞鳥)가 거울을 향하여 짝을 부르는 것만 못할 것입니다. 추우면 버리고 더우면 친하는 것은 인정(人情)에 차마 할 수 없는 일입니다. 하지만 행하고 그치는 것은 인력(人力)으로 되는 것이 아니고, 헤어지고 만나는 것도 운수가 있는 것입니다. 원컨대 이 말을 따라 헤어지기로 합시다."

조신이 이 말을 듣고 크게 기뻐하여 각각 아이 둘씩 나누어 데리고 장차 떠나려 하니 부인이 "나는 고향으로 갈 테니 그대는 남쪽으로 가십시오." 하고 말했다. 그 말
끝에 서로 작별하고 길을 떠나려
하는데 꿈에서 깨었다.

타다 남은 등잔불이 아직 깜박
거리는데 이내 아침이 되었다. 조
신의 수염과 머리털은 모두 희어
졌고 망연(惘然)히 세상일에 뜻이
없어졌다. 마치 한평생의 고생을
이미 다 겪고 난 것처럼 재물을
탐하는 마음도 깨끗이 없어졌다.

법당의 관음보살님을 대하기가 부끄럽고 원망만 해대던 자신의
잘못을 뉘우치는 마음을 참을 길이 없었다. 법당에서 나와 꿈에 굶
어 죽었던 큰아이를 묻었던 곳을 파보니 그곳에서 나온 것은 바로
돌미륵이었다. 깨끗이 물로 씻어서 근처에 있는 절에 모시고 사재
(私財)를 내서 정토사(淨土寺)를 세웠다. 그 뒤로 조신이 어떻게 세상
을 마쳤는지 누구도 알 수 없었다.

『삼국유사』에서 소개하는 여러 설화 가운데 가장 드라마틱한 이야
기가 바로 조신의 꿈일 것이다. 그 배경이 되는 기도처가 바로 낙산
사요, 당시부터 이미 관음기도 성지로 자리 잡았음을 알 수 있다.
『삼국유사』에 실린 마지막 이야기는 범일국사와 정취보살 이야기다.

영동지방에서 범일국사는 큰 선지식을 넘어 신격화된 인물이다.

대관령 국사당에 위패로 모셔 두었다가 해마다 열리는 강릉 단오제 때 모시고 내려오는 산신이 범일국사다. 이 범일국사가 중국으로 유학을 갔을 때 이야기다. 명주에 있는 개국사(開國寺)에 이르니 왼쪽 귀가 잘린 스님이 말석에 앉아 있다가 범일스님께 말했다.

"저도 신라 사람입니다. 집은 명주 익령현 덕기방에 있습니다. 스님께서 나중에 귀국하시면 반드시 제 집을 지어주셔야 하겠습니다."

범일은 쉽게 '그러마' 하고 대답한 후 중국 내 여러 스승을 찾아다니다가 염관제안에게 인가를 받고 법을 얻어서 귀국했다. 강릉에 사굴산문의 당간을 높이 세우고 선불교를 홍포했다. 그러던 어느 날 범일국사는 꿈을 꾸게 되었다. 한쪽 귀가 잘린 그 스님이 창문 아래 와서 말했다.

"전에 명주 개국사에서 스님에게 말해서 이미 승낙을 얻었건만 왜 이리 실천이 늦습니까?"

범일국사는 놀라서 깨어나 사람들에게 수소문해서 익령을 찾아갔다. 익령은 바로 지금 낙산 아랫마을이었다. 그곳에 덕기라는 여인이 살고 있었고 그 여인에게는 여덟 살 먹은 아들이 하나 있었다. 이 아들이 하루는 집에 돌아와 "나와 함께 노는 아이 가운데 금빛이 나는 아이가 있어요"라고 말했다. 범일국사는 아이를 앞세우고 쫓아가니 다리 아래 냇물 속에 석불상 하나가 잠겨 있었다.

조심스럽게 꺼내어 불상을 살피니 왼쪽 귀가 떨어져 있었다. 범일국사는 중국에서 만난 스님도 이 불상도 정취보살인 것을 알게 되었다. 그래서 주변을 살펴 낙산 위에 법당을 짓고 이 정취보살상을 모시니 지금의 낙산사라는 이야기다.

남해 보리암

낙산사에서는 끝내 관음보살을 친견하지 못했던 원효스님이지만 그 뒤 남해 금산(錦山)을 찾아 마침내 관세음보살을 친견하게 된다. 683년 원효스님은 남해 금산이 관음회상(觀音會上)임을 확신하고 이곳에서 기도를 올려 관음보살을 친견한 후 산 이름과 절 이름을 모두 화엄경 보광전회에서 따다가 보광산 보광사를 창건하게 된다.

이 절이 현재 보리암(菩提庵)이다. 조선을 개국한 이성계는 보리암이 올려다 보이는 삼불암 아래서 100일 동안 지극 정성으로 기도를 올려서 관음보살로부터 금척(金尺)을 받았다고 한다. 그 후 조선

왕조를 개국하게 되어 보광사
는 왕실의 원찰이 되었고 산 이
름도 절 이름도 각기 금산 보리
암으로 바꿔 부르게 되었다고
한다.

이 보리암에는 수많은 영험
담이 전래되고 있는데, 그 중
하나가 임진왜란 때 이순신(李
舜臣)을 도와서 대승을 거두게
했던 삼련(三蓮) 비구니에 얽힌
설화이다. 삼련은 묘련(妙蓮)·
보련(寶蓮)·법련(法蓮) 등 세 비
구니의 이름이다.

전라도 광양에 살았던 황유초(黃維肖)에게는 선옥(仙玉)이라는 딸
이 있었다. 선옥은 장성하자 출가를 결심하고 유모와 몸종을 데리
고 입산해 버렸다. 선옥의 법명은 보련이 되었고, 선옥의 유모는 묘
련, 선옥의 몸종은 법련이 되었다. 출가한 이들 세 사람을 제자로
받아 준 스승은 지월(指月)스님이었다.

어느 날 이들은 남해 보리암을 찾았다. 그곳에서 1,000일을 관음
기도를 하다가 어느 날 불상 좌대 밑에 있는 고문서를 발견하였는
데, 거기에는 다음과 같은 글이 적혀 있었다.

"우리 세 사람은 연화도인(蓮花道人)을 모시고 십 년 간을 이곳에서 관음성호(觀音聖號)를 부르며 공부하여, 마침내 관음대성의 자비롭고 미묘한 성상(聖相)을 친견하였다. 기쁨과 감격에 넘치어 세세생생 이곳에 와서 연화도인을 모시고 공부하기를 맹세하였다. 정덕 무인 구월(正德戊寅九月) 연화도인 지월의 제자 성운(性雲), 성련(性蓮), 성월(性月) 삼가 씀."

이 글에 적힌 연화도인은 현세의 지월이고, 성운은 묘련, 성련은 보련, 성월은 법련으로 화현한 것이다. 세 비구니는 더욱 신심을 굳혀서 정진하고 천일의 정진을 회향하여 자재한 신통력을 얻게 되었다.

그 뒤 이들은 스승의 가르침에 따라 손자병법을 익히고 바닷가의 지형과 해류를 살피는 한편, 거북선의 원형이라 할 수 있는 뚜껑을 씌운 배를 만들어 타고 이순신과 함께 군사전략을 숙의하였다.

임진왜란이 일어나자 보련은 이순신의 막하에서 참모 겸 지휘자의 구실을 하여 싸움마다 대승을 올리게 하였고, 다른 두 비구니는 뚜껑 배를 타고 왜적을 섬멸하였다. 뒤에 조정에서는 보련에게 '자운선의장군(紫雲宣義將軍)'이라는 직함을 내렸다고 한다.

강화 보문사

강화 보문사는 고려시대 회정스님에 의해 창건된 사찰이다. 창건 연대가 신라 선덕여왕 4년(635년)이라고 하나 그 당시 활동하던 스님 가운데 회정스님이라는 분의 기록을 찾을 수가 없다. 다만 고려 시대인 12세기경 금강산에서 관음기도를 올리던 중 관음진신을 친견한 회정스님에 대한 기록이 「유점사본말사지」 등에 전해지고 있는데, 아마도 강화 보문사의 창건주 회정스님이 바로 그 스님일 것이라는 판단이다.

고려시대 의종(毅宗) 때의 일이다. 금강산 장안사(長安寺) 위에 자리 잡은 송라암(松羅庵)에서 회정스님이 관음기도를 올리고 있었다. 3년 기도를 마치는 날 밤 꿈속에 백의(白衣)의 한 노파가 나타나 말하였다.

"관음 진신을 친견하려거든 해명골(解明谷, 지금의 양구군)에 몰골옹(沒骨翁)과 해명방(解明方)이 살고 있을 것이니 찾아가 보아라."

꿈에서 깬 회정스님은 해명골을 찾아가다가 길에서 한 노인을 만나게 되었다.

"혹시 이 고을에 몰골옹이 살고 계십니까?"

"내가 바로 몰골옹이오."

노인이 말했다. 회정스님은 이 몰골옹과 하룻밤을 같이 보내며 자신이 이곳에 온 사연을 말했다. 다음 날 그 노인은 해명방의 집을 가르쳐 주었다.

회정스님은 몰골옹의 말대로 해명방의 집을 찾아갔으나 집에 해명방은 없고 묘령의 처녀만이 집을 지키고 있었다. 그녀는 회정스님을 반기면서 말하였다.

"어디서 오신 스님입니까? 해명방을 무슨 일로 찾으시는지요."

회정스님은 찾아온 뜻을 차근차근 설명하였다. 그러자 처녀는 말하였다.

"해명방은 나의 아버지인데 성품이 급하고 칼날 같아서 무슨 말이든지 순종을 해야지 만일 그렇지 않고 비위를 거슬리기만 하면 살아가기가 어렵습니다."

이윽고 해명방이 나무 짐을 가득 짊어지고 오더니 눈을 부릅뜨며 말했다.

"너는 누구인데 남의 집 과년한 딸애와 어울려서 수작을 하느냐?"

막무가내로 지게 작대기로 회정스님을 때리기 시작했다. 회정스님은 아무 변명을 하지 않고 말했다.

"죽을죄를 지었습니다. 용서해 주십시오."

"이놈, 담이 크구나. 일이 이미 여기에 이르렀으니 부득이 내 사위로 삼을 수밖에 없다."

해명방은 딸에게 물 한 그릇을 가져 오게 하고는 그 자리에서 혼례를 치르도록 하는 것이었다. 회정스님은 마구니의 소굴에 빠진 것 같은 기분이었다. 두렵기만 하고 아무 흥미도 애정도 없이 47일을 해명방이란 노인과 그 딸인 처자와 함께 지냈다.

이윽고 회정스님은 장인인 해명방에게 말했다.

"고향에 잠시 다녀와야겠습니다. 보내 주십시오."

해명방은 말했다.

"그 문수란 영감이 공연히 너에게 내 집을 일러 주어서 남의 딸만 버려 놓았구나. 가고 싶거든 어서 빨리 가거라."

회정스님은 부랴부랴 다시 몰골옹에게로 가서 그 동안의 사정을 말했다. 몰골옹은 한 동안 회정스님을 바라보다가 말했다.

"그대는 보현보살과 관음보살을 버리고 어디로 가려고 하느냐? 해명방은 보현보살이요, 네 처는 곧 관음보살의 진신인 것을…."

그때서야 깜짝 놀란 회정스님은 왔던 길을 되돌아서 해명방을 찾아갔으나 그곳엔 집도 없고 해명방과 그 처자도 없었다. 다시 발길을 돌려 이번엔 몰골옹을 찾아갔으나, 역시 그도 집도 사라진 후였다.

회정스님은 생각다 못해 금강산으로 다시 돌아와 관음보살을 만나게 해 달라고 삼칠일 간 기도를 했다. 기도 회향날 밤 꿈속에 백의 부인이 나타나서 말하였다.

"네가 오늘 만폭동(萬瀑洞)에 올라가면 관음 진신을 다시 만날 터이니 가보라."

회정스님이 아침 일찍 만폭동을 올라가고 있는데 해명방의 딸이 나타났다. 그녀는 개울가에서 머리를 감고 있었다. 회정스님은 반가워하며 "여기서 무얼 하는 거요" 하고 달려갔으나, 그녀는 파랑새가 되어 훨훨 날아가 버리고 말았다.

회정스님은 미친 듯이 그녀를 뒤쫓아 가다가 물 아래를 내려다보니, 거울 같은 물속에 여자의 모습과 굴이 비치고 있었다. 머리를 돌려 쳐다보니 그녀가 굴 입구에 서 있었다. 회정스님이 달려가 굴 앞에 다다르니 그녀는 반갑게 맞아주며 말했다.

"지난 날 해명골에서 47일 동안 저와 한 이불을 덮고 같이 살던 인연은 백천 겁이라도 만나기 어려운 인연입니다. 앞으로도 기도 정진을 지성으로 하십시오. 또 몰골옹은 문수보살이요, 해명방은 보현보살입니다. 나는 항상 이 굴에 있을 것입니다. 스님은 고구려 보덕화상의 후신입니다. 나는 스님뿐만 아니라 인연이 있는 이가 찾아오면 그 인연을 따라 몸을 나타내 보일 것입니다."

그리고 홀연히 사라지고 말았다. 회정스님은 크게 느낀 바 있어 그곳 석벽에 '상주진신 관자재보덕굴(常住眞身 觀自在普德窟)'이라 새겨 놓고 바위 초암을 지어 삼백일 간 용맹 기도 정진을 하니 마침내 원통삼매(圓通三昧)를 성취했다고 한다.

독성 (나반존자)

　　부처님 당시의 일화다. 부처님 16제자 가운데 신통력이 높기로 소문난 빈두로존자가 하루는 장자의 초청을 받아서 장자의 집으로 공양 대접을 받으러 갔다. 잘 차려진 점심 공양을 마치고 존자와 장자는 뜰을 거닐며 담소를 나눴다. 이때, 장자가 지나치듯 말했다.

　　"저 바위만 없으면 좋겠는데요….."

　　그러고 보니 장자의 위상에 걸맞게 온갖 희귀 화초와 나무로 꾸며진 정원에 못생긴 바위 하나가 자리 잡고 있었다.

　　"치워 버리시지 그러십니까?"

　　빈두로존자가 얘기했다. 장자는 진작 치울 생각을 했는데 너무 커서 어쩌지 못하고 있다고….

"제가 치워드리지요."

빈두로존자는 이윽고 신통력을 발휘해서 바위를 성 밖으로 날려버렸다. 장자는 존자의 신통력에 감탄하며 융숭히 대접해서 돌려보냈다. 빈두로존자는 앓던 이처럼 바위가 빠진 빈 자리를 시원스럽게 바라보던 장자를 떠올리며 부처님이 계시는 곳으로 돌아왔다.

이때 기다리듯이 지키고 있던 부처님께서 조용히 말씀하셨다.

"빈두로야, 너는 어찌 살인을 저질렀느냐?"

"예? 살인이라니요?"

"오늘 있었던 일을 되짚어 잘 관해 보거라."

빈두로존자는 방으로 돌아가 삼매에 들었다. 삼매에 들어 오늘 있었던 일을 찬찬히 살피던 존자는, 자신이 자랑삼아 바위를 날리던 순간 임신한 한 젊은 아낙이 크게 놀라 기절하면서 뱃속에 든 아이를 유산하는 것을 보게 되었다.

장자 앞에서 신통력을 자랑하며 우쭐했던 자신이 죽고 싶을 만큼 부끄러웠고, 자신의 부끄러운 행위로 사람이 죽었다는 자괴감이 밀려왔다. 빈두로존자는 더 이상 부처님 곁에 있을 수 없어 깊은 산중(천태산)으로 처소를 옮겨 참회의 나날을 보내게 된다.

부처님께서는 이런 빈두로존자에게, 사바세계에 남아서 중생들로부터 존경과 공양을 받을 수 있는 복전(福田)을 이루고, 용화회상(龍華會上)의 미륵부처님이 오시기를 기다리며 모든 중생을 다 교화하여 성불하도록 하라는 부촉을 내린다.

이 빈두로존자가 바로 독성각에 모셔진 독성(獨聖), 독수성(獨修聖), 연각(緣覺), 독각(獨覺) 등으로 불리는 나반존자다. 예불문에 "십대 제자 십육성 오백성 독수성 내지 천이백 제대아라한…" 할 때에도 16성 가운데 첫 번째가 빈두로존자(나반존자)임에도 '독수성'이라고 따로 불러 예경할 만큼 중생들의 기도에 즉자적으로 화답함으로써 오랜 시간 동안 많은 사람들의 복전이 되었다.

독성신앙은 인도나 중국, 일본까지도 발견되지 않는 우리 불교만의 특징이다. 육당 최남선은 그 이유를 단군신앙에서 찾았다.

> "절의 삼성각(三聖閣)이나 독성각(獨聖閣)에 모신 나반존자는 불교의 것이 아니라 민족 고유신앙의 것이다. 옛적에 단군을 국조로 모셨으며, 단군이 뒤에 산으로 들어가서 산신이 되었다고도 하고 신선이 되었다고도 하여 단군을 산신으로 모시거나 선황(仙皇)으로 받들었다. 그래서 명산에 신당을 세우고 산신 또는 선황을 신봉하여 왔는데, 불교가 들어오면서 그 절의 불전 위 조용한 곳에 전각을 세우고 산신과 선황을 같이 모셨으며, 또 중국에서 들어온 칠성도 함께 모셨다."

이 경우 독성은 단군이다. 나반존자가 천태산 깊은 골짜기에 들어가 나오지 않고 혼자 수행했던 것처럼 단군왕검도 뒤에 산으로 들어가 산신 혹은 신선이 되었다는 점에서 둘 사이의 공통점이 있다.

독성기도처가 모두 깊은 산중에 깎아지른 벼랑 위거나 쉽게 범접하지 못할 곳에 위치하는 이유도 바로 그런 의미를 간직하고 있다고 생각된다.

또한 절집의 당우 가운데 ○○전은 불보살님을 모신 곳이요, ○○각은 산신, 칠성, 용왕 등 민속신앙과의 습합을 통해 예경의 대상이 된 분들을 모시는 경우가 많다. 독성각에 모셔진 나반존자가 단군신앙과 밀접한 관련이 있는 사례 가운데 하나로 보인다.

전국에 많은 독성기도처가 있지만 그 가운데 가장 많은 기도객들이 찾는 곳은 운문사 사리암이나 북한산 삼성암, 해인사 희랑대, 부여 금지암, 김해 모은암 등이다. 이들 사찰의 공통된 특징은 일반인들이 쉽게 다가갈 수 없는 곳에 자리 잡고 있다. 지극정성이 아니면 찾아볼 엄두도 내지 못할 곳에 나반존자가 머물고 있음을 암시하는 듯하다.

독성기도 도량 **팔공산 홍주암**

만사형통의 붉은 구슬을
가슴에 품다

팔공산 홍주암(紅珠庵)도 독성각의 특징을 잘 간직하고 있는 곳이다. 경북 경산시 와촌면의 우리나라 대표적인 약사기도처인 갓바위가 있는 곳이다. 봉황이 날갯짓을 하는 것 같다는 팔공산이 갓바위 관봉으로부터 길게 한 줄기 남동쪽으로 늘어진 곳에 놓인 산이 환성산이고 이 산에서 갓바위를 바라다보는 사면에 자리한 곳이 홍주암이다.

홍주암은 신문왕 10년(690년) 원효스님이 창건했다는 불굴사의 산내 암자로 1,300여 년의 역사를 간직한 곳이다. 양양 낙산사의 홍련암이 동해 바다에 떠오르는 태양을 한 송이 붉은 연꽃에 비유했다

면, 홍주암은 팔공산에 바라보이는 동편 산줄기 위로 솟아오르는
해를 붉은 구슬로 표현한 것이다.

　홍주암의 본사인 불굴사는 한때 50여 동의 전각과 12개의 부속 암
자, 8대의 물레방아를 갖추고 쌀을 찧어 승려와 신도들을 공양한 대
찰이었다고 한다. 경종 3년(1723년)에 중창했다는 기록이 있으나 곧
이어 영조 12년(1736년)에 산사태로 퇴락하는 운명을 맞게 되었다.

　이후 불굴사는 중창과 퇴락을 반복하는 기구한 사찰로 전락한다.
1800년대 초반, 순천 송광사의 한 노스님의 꿈에 불굴사 부처님이
현몽하여 원력을 세워 중건하였으나 곧바로 퇴락하고, 그 뒤 철종
11년(1860년)에는 유혜(有惠)·쾌옥(快玉)스님에 의해 재차 중창되었
으나 또다시 폐허가 된 것을 1939년에 은해사의 백현(伯鉉)스님이

중창하고, 이윽고 1988년 원조스님이 인도에서 모셔온 부처님 진신 사리를 봉안하여 적멸보궁을 짓고 오늘의 사격을 갖추게 되었다고 한다.

만사 여의형통, 붉은 여의주를 품는 곳

불굴사라는 이름은 본 절에서 북동쪽으로 약 100m 떨어진 암벽 동굴에 모셔진 석불상 때문에 붙여진 이름이다. 30m는 족히 되어 보이는 절벽인데 외견상으로는 절대 그 안에 굴이 있을 것 같아 보이지 않는 암벽 중간에 널따란 자연 굴법당이 마련되어 있고, 그곳에 언제 조성되었는지 알 수 없는 불상과 금강역사상이 모셔져 있다.

　이 불상이 모셔진 공간이 홍주암의 본당이라면 그곳에서 수직 동굴을 따라 위로 올라가면 50평 남짓 평평한 독립 노천 공간이 나온다. 놀랍게도 여기에 전각이 한 채 세워져 있는데 일반적으로 나반존자가 모셔진 전각이 '독성각'인데 반해 여기는 '독성전(獨聖殿)'으로 표기되어 있음이 특이하다. 지금은 수직 동굴 대신 철사다리가 얼기설기 걸쳐 있어 벼랑에 매달리듯, 땅속을 헤매듯 들락날락 하며 오르다보면 굴법당도 독성전도 모두 만날 수 있다.

　이 기막힌 도량을 처음 발견하고 사용한 사람이 누구일까? 절집 70~80%가 원효·의상·도선스님이 창건했다는 통계가 있는데 여기도 원효스님의 족적이 남아 있지만, 그보다 먼저 다녀간 사람은 김유신이다. 『삼국유사』에 김유신이 처음 삼국통일의 뜻을 세운 것이 17세 때라고 전하는데, 15세에 화랑이 되어 전국을 떠돌던 김유신

147

독성기도 도량 팔공산 홍주암

이 17세 무렵에는 홀로 팔공산에 들어와 바로 이곳 홍주암에 머물며 삼국통일의 서원을 세우게 된다.

이때 홍주암에서 기도하며 동쪽 하늘을 열고 떠오르는 태양을 삼켜 여의주로 만들었기 때문일지, 김유신은 48년이 지난 65세에 백제를 멸망시키고, 그로부터 8년 뒤에는 고구려마저 함락함으로써 삼국통일의 위업을 달성하게 되었다.

석굴 한쪽에 '아동제일약수(我東第一藥水)'라고 써 있는 곳에 바닥만 겨우 깔린 고인 물이 있는데, 이 물이 김유신도 원효스님도 마셨다는 장군수다. 최근 수질검사를 해 보니 일반 음용수에서 볼 수 없는 각종 효험이 나타나 말 그대로 해동의 제일 약수로 소문났다고 한다.

자연암벽이 만든 틈새 공간에 주불을 모시고 한켠에는 주불을 예경할 수 있는 예불 공간이, 다른 한켠에는 해동제일의 약수라는 샘이 솟는 생활 공간이, 또 위층으로 올라가 나반존자를 바라

보며 밤새 기도 올리면 아침에 여의주 한 알씩 입에 물고 가슴 벅차
게 돌아갈 수 있는 여의형통(如意亨通)의 기도처가 바로 홍주암이다.
다음은 『석문의범』의 독성단 예경문에 나오는 구절이다.

　　나반존자 신통은 세상에 보기 드물어(那畔神通世所稀)

　　숨은 듯 드러나며 자재로이 베푸시네(行藏現化任施爲)

　　소나무 바위에 자취 감추고 몇천 년 지나도(松巖隱跡經千劫)

　　중생계에 드리운 모습 사방에 두루하네(生界潛形入四維)

3대 독성기도 도량 **운문사 사리암, 북한산 삼성암, 가야산 희랑대**

깊은 산중 홀로 깨달음을 이루는
적정 열반처

운문사 사리암, 북한산 삼성암, 해인사 희랑대를 3대 독성기도처로 부른다. 각기 창건 연대와 지역, 창건 주체는 모두 달라도 궁벽진 첩첩산중에서 홀로 깨달음을 이룬 인연처라는 점에서는 모두 같은 공통점을 지니고 있다.

운문사 사리암

운문사 사리암은 삿된 것을 여읜다는 뜻의 사리암(邪離庵)이다. 온갖 욕심을 벗어버리고 간절히 기도하면 나반존자가 던져주는 돌을 받아 쥘 수 있다는 전설이 내려오는 곳으로 930년 보양국사가 창

건하고 천 년의 세월이 흘러 조선 헌종 11년(1845년) 효원스님이 중건하면서 세상에 알려지기 시작했다.

일연스님은 운문사에 머물면서 『삼국유사』를 저술했다고 한다. 그래서 이 인근에 대한 기록이 더 구체적인데, 사리암을 창건한 보양국사에 대해서도 「보양이목조」를 따로 두어서 기술했다.

보양국사가 중국에서 불법을 수학하고 돌아오는 길에 서해에서 용왕을 만났다. 용왕은 보양국사에게 용궁에서 설법해 주기를 청하므로 이에 응했더니, 용왕은 설법해 준 답례로 금란가사 한 벌을 보시하고 다음과 같이 청했다.

"지금 삼국이 혼란하여 아직 불법에 귀의한 군주가 없지만 만약 내 아들 이목과 함께 본국에 돌아가 작갑에 절을 지어 살면 도적을 피할 수 있고 또한 몇 년이 안 되어 반드시 불법을 보호하는 어진 임금이 나와서 삼국을 평정할 것입니다."

그 후 보양국사는 작갑 어귀에 도착하여 하룻밤을 유숙하게 되었는데 꿈에 한 노인이 나타나 도장궤를 주며 "내가 원광이다" 하고는 사라졌다. 이에 보양국사는 허물어진 절을 일으키기 위해 북쪽 고개에 올라가서 내려다보니 까치가 땅을 쪼고 있었다. 국사는 '작갑'이라고 한 용왕의 말이 생각나서 그곳을 찾아가 파보니 예전의 전돌이 수없이 나왔다. 이것을 모아 탑을 이루니 남은 전돌이 하나도 없으므로 옛 절터임을 알고 그곳에 절을 세워 이름을 작갑사라 했다.

한편, 이목은 항상 절 곁에 있는 작은 못에 살면서 불법의 교화를 음으로 돕고 있었다. 어느 해에 몹시 가물어 밭에 채소가 마르자 보양국사가 이목을 시켜 비를 내리게 하니 온 지방이 흡족하였다. 천제가 하늘의 법칙을 어겼다 하여 이목을 죽이려 함에 보양국사가 침상 밑에 이목을 숨겼다. 천제가 보양국사에게 이목이 있는 곳을 물으니 보양국사가 뜰 앞의 배나무를 가리키자 그곳에 벼락을 내리고 하늘로 올라갔다고 한다. 그 후로 이목이 살던 작은 못을 이목소라 부른다.(『삼국유사』 「보양이목조」)

이 외에도 설화에는 사리암 천태각 옆 바위굴에서 한 사람이 수행하면 한 사람 분의 쌀이 나오고, 열 사람이 기도하면 열 사람 분의 쌀이 나왔다고 한다. 그런데 어느 날 욕심 사나운 사람이 바위구멍을 들쑤셔서 그 뒤로는 쌀 대신 물이 나오게 되었다고 한다.

조선시대 후기 고종 황제가 신열로 고생할 때 이 사리암에 청우 스님이란 분이 살았다. 이 스님의 꿈에 선인이 나타나 임금의 머리에 침을 꽂아 치료하니 실제 임금의 병이 나았다는 이야기가 입소문으로 퍼지면서 사리암이 영험한 기도처로 더욱 알려지게 되었다고 한다.

북한산 삼성암

북한산 삼성암은 19세기 초 재가불자들이 창건한 사찰이다. 고종 9년(1872년) 박선묵이라는 거사가 유성종, 서윤구, 고상진, 이원기, 장윤구, 유재호 등 도반들과 함께 현재 삼성암이 자리 잡은 곳에 있던 천태굴이란 자연 토굴에서 3일 동안 독성기도를 올렸다. 기도를 마치고 이들 가운데 재력이 있었던 고상진 거사가 여러 칸의 집을 짓고 작은 절이란 의미의 소난야(小蘭若)라는 이름으로 암자를 창건했고, 1881년 박선묵 거사가 독성각을 짓고 절 이름도 삼성암으로 바꾸었다고 한다.

삼성암 창건 초기, 공주에서 미곡상을 하는 임선달이란 사람이 있었다. 그에게는 수동이라는 아들이 있었는데 어려서 척추병을 앓아서 곱추가 되고 말았다. 미곡상으로 돈을 많이 벌었던 임선달은 아들의 병을 고칠 수만 있다면 돈을 얼마든지 써도 좋다고 생각했지만 온갖 약도 의사도 소용없었다.

그러던 어느 날 친척 가운데 출가해서 스님이 된 분이 있었다. 법

명이 지월이라고 했는데, 하루는 이 스님이 방문해서 지극 정성으로 기도를 올려보라고 권했다. 이미 체념하고 있었던 임선달은 지푸라기라도 잡는 심정으로 아들을 지월스님 편에 같이 올려 보내서 삼성암에서 한 달 동안 독성기도를 올리게 했다.

곱추를 데려다가 낫게 하겠다고 한 달 동안 목탁을 치고 "나반존자 나반존자" 하고 외는 두 사람을 보면서 사람들은 비웃고 조롱했지만, 아무런 신경도 쓰지 않은 채 기도하기를 한 달째, 수동이 기도하다가 잠깐 잠들었는데 동자 하나가 자신을 데리고 백발이 성성한 노승에게 데려갔다고 한다. 주변에는 기암괴석이 널려 있고 온갖 화초가 만발했는데 노승은 가슴 속에서 금침과 은침을 꺼내 등에 놓으면서, "이제 곧 완쾌될 것이니 집으로 돌아가라"고 일렀다고 한다. 실제 한 달이 지나자 수동은 등이 펴지고 온전한 사람과 다름없게 되었다고 한다.

가야산 희랑대

희랑대는 해인사 산내암자로서 신라 말 서기 927년에 희랑조사가 창건한 고찰이다. 신라 말 가야산 해인사에는 희랑(希朗)과 관혜

(觀惠)라는 두 스님 있었다. 두 스님 모두 화엄학의 대가로 희랑조사
가 왕건의 귀의를 받아 영주 부석사를 기반으로 화엄학을 펼쳐 북악
으로 불릴 때, 관혜스님은 견훤의 귀의를 받아 구례 화엄사에서 서
로 다른 화엄학 이론을 가르쳤다고 한다.

패배한 견훤의 복전(福田)으로 관혜스님에 대해 남은 기록이 없지
만, 희랑스님은 스님의 실제 모습을 조성해 모신 희귀한 예인 보물
999호 건칠희랑조사상까지 남아 있어 신라 말에서 고려 초기에 희
랑스님의 위상을 짐작하게 한다.

희랑조사는 신라 진성여왕 3년(889년)에 거창군 성기마을에서 출
생하였다고 한다. 속성은 주씨요, 15세에 해인사로 출가하여 해인
사를 창건한 순응, 이정스님의 뒤를 이은 결언, 현준스님의 제자가
되었다. 특히 최치원의 친형인 현준스님은 희랑스님에게 많은 영향
을 준 스승으로 기록되고 있다.

해인사는 지리적으로 후백제와 신라의 중간지대였다. 해인사와
멀지 않은 팔공산에서 견훤과 전투를 벌인 왕건은 휘하의 신숭겸과
김락 등 많은 장수들을 잃고 대패하고 말았다. 자신도 겨우 사지에
서 탈출하는 곤욕을 치르게 된다.

겨우 목숨을 건진 왕건은 희랑스님에게 귀의하여 마음을 추스르
고 재차 후삼국을 통일하는 용기와 지혜를 갖추게 되었다. 희랑스
님이 입적한 후에 고려 광종은 '해인존사 원융무애(海印尊師 圓融無
碍) 부동상적 연기상유(不動常寂 緣起相由) 조양시조 대지존자(照揚始

祖 大智尊者)'라는 시호를 내리기도 했다.

희랑스님은 평소 나반존자를 흠모했다고 한다. 나반존자가 심심유곡 천태산으로 들어가 홀로 깨달은 것처럼 이곳 희랑대에 독성각을 짓고 은연자중하며 주변의 산세에 묻혀 하루하루의 수행 정진에만 매진했던 것이다. 나말여초 당시 수많은 스님들의 부도가 만들어지기 시작할 때이고 부도 옆에는 귀부가 떠받들고 있는 비석이 세워지기 마련이었지만 왕실과 밀접한 관계에 있었던 희랑조사는 아무것도 남긴 것이 없다.

다만 아무것도 세워지지 않는 것을 아쉬워한 후학들이 열반 직전의 조사의 모습을 그대로 사실적으로 묘사한 조각상을 만들어 불교 조각사에 희유한 예로 남겨둔 일이 그나마 위안 삼을 수 있는 자취로 남겨져 있다. 사람의 몸을 거의 정확하게 인체 비율대로 조각함은 물론, 고요하게 앉아 있는 노스님의 탈속한 풍모를 생생하게 표현하고 있어 이 희랑조사상 자체가 나반존자의 또 다른 모습으로 여겨지게 하고 있다.

나반존자께서 자취를 감춘 천태산의 지형에 부합하는 장소에 독성기도처를 창건하고 스스로 나반존자상으로 환생한 모습이 바로 희랑조사상이 아닐까?

1940년대 희랑대를 중창할 때 목수의 꿈에 한 노인이 나타났다고 한다. 노인은 두 칸은 너무 작으니 세 칸으로 지어 달라고 했는데, 목수가 주문 받은 본래 계획은 작은 암반 위에 딱 맞을 만큼 두 칸

여섯 평 정도의 작은 전각이었다고 한다. 목수의 꿈 얘기를 들은 스님들이 다시 결정해서 현재와 같이 세 칸 집으로 만들었다고 하는데 이때 목수의 꿈에 나타난 노인이 바로 나반존자, 독성이라고 전해진다.

희랑조사의 창건담과 목수의 꿈 이야기 그리고 나반존자의 탈속한 모습을 빼닮은 희랑조사의 조각상까지 한데 어우러지면서 희랑대 독성각에 모셔진 나반존자의 영험은 일반 신도들 사이에 널리 퍼져 있다.

칠
성

해마다 음력 7월 7일은 칠석날이다. 한국과 중국, 일본 등 동아시아에서 견우와 직녀 설화에 바탕을 두고 하늘에 제사를 지내던 오랜 풍습이 자리 잡아 칠석이 되었다.

칠석이 풍속으로 자리 잡은 것은 중국 고대국가인 주나라 때부터라고 전하는데 상상 속의 고대국가인 하(夏), 은(殷), 주(周)시대에 이미 별자리에 관한 관찰을 통해서 무한한 상상력을 발휘함으로써 하나의 신앙체계를 만들어낸 것이다.

현대의 천체도에서 볼 때, 견우성은 독수리자리의 가장 밝은 별인 알타이르(Altair)요, 직녀성은 거문고자리의 가장 밝은 별 베가(Vega)이다. 이 두 별은 북극성을 중심으로 돌면서 일 년에 한 차례 은하수를 횡단하는 날개를 펼치고 있는 백조자리(오작교) 부근에서 만나는데 이 날이 바로 칠석날이다.

칠석날은 견우와 직녀가 잠깐 만남 끝에 헤어질 것을 애석해하며 흘리는 눈물이 비가 되어 내린다고 믿어서 비와 관련된 기원 행위가 성행했다. 또, 베 짜기나 바느질을 잘 하고 싶은 아낙들은 직녀성을 보고 기도하면 그렇게 된다고 믿는 걸교(乞巧)와, 공부 잘 하고 싶은 학동들은 견우성을 보고 시를 짓거나 당일 책과 옷을 햇볕에 말리면 입신양명한다는 폭서(曝書)가 고유한 풍속으로 자리 잡기도 했다.

이 같은 칠석에 대한 기록과 풍속은 춘추전국시대 이전에 쓰여진 『시경』에도 언급되어 있고, 우리나라에서도 5세기 초 광개토대왕시대 조성된 덕흥리 고분벽화에도 그려져 있을 만큼 동아시아에서는 오랜 기간 전해 내려오는 풍습이었다.

하지만 칠석이 풍속이나 설화의 영역에 그치지 않고 본격적인 신앙으로 자리 잡기까지에는 우리의 토속신앙인 칠성신앙의 영향이 컸다. 칠성신앙은 하늘의 중심인 북극성을 가장 가까이서 돌고 있는 칠원성군, 혹은 칠성여래, 칠성신으로 불리는 북두칠성을 신앙하는 것으로, 북두칠성이 사람들의 길흉화복은 물론 수명 자체를 관장한다고 믿는다.

즉, 누구든 사람으로 태어나려면 북두칠성으로부터 기운을 받아야 한다고 보는데, 그 기운은 사람 얼굴에 있는 일곱 개의 구멍을 통해 들어온다고 믿었고, 그 기운들의 조화로 사람마다 각자 다른 운명이 결정된다고 생각했던 것이다. 북두칠성은 결국, 우리 민족성

속에 자리 잡은 삼신상제의 별자리로 화현한 이름이요, 할머니들이 장독대에 정한수 떠 놓고 기도할 때 그 대상이 되는 보편 신의 또 다른 이름이다.

이렇듯 기원과 실제 벌어지는 행위가 전혀 다른 두 가지 요소가 합쳐지는 계기가 된 것이 바로 조선조 들어서면서부터 각 사찰에 세워지기 시작한 칠성각이다. 칠성각은 동아시아 전반에 두루 산재해 있던 풍속으로서의 칠석과 오랜 역사를 통해 우리 민족의 심성 깊이 뿌리내린 토속신앙으로서의 칠성이 한데 어우러지면서 우리나라에서만 볼 수 있는 독특한 신앙인 칠성신앙이 안착된 곳이라 할 수 있다.

칠성기도처로 손꼽히는 곳은 수락산 내원암, 북한산 금선암, 북한산 진관사, 남원 선원사, 함안 원효암, 청양 정혜사, 안동 지조암, 대구 파계사, 안양 삼막사, 서울 봉은사, 서울 신촌 봉원사, 통영 안정사 등이 있다.

이 가운데 함안 원효암 칠성각은 경상남도 문화재자료 제15호로 예전에는 칠성각이 주 법당 역할을 했다고 하며, 칠성각 옆의 약수가 유명한데 이 물로 술을 담거나 음식을 하면 오랫동안 상하지 않는다고 한다.

청양 정혜사도 백제 성왕 때부터 이 절 칠성각 앞 우물을 궁궐에서 길어다 마신다고 알려져 있으며 현재도 건너 마을 부여 은산별신굿을 지낼 때 이 물을 떠다가 지낸다고 알려져 있다. 안동의 지조암은 칠성각 안에 북극성과 북두칠성 일곱별을 인물화한 탱화가 남아 있어 유명하며, 북한산 금선암과 수락산 내원암은 순조 임금의 탄생과 관련한 다음과 같은 설화가 남아 있다.

팔공산 파계사(把溪寺)에는 수행이 높은 용파라는 스님이 있었다. 스님은 당시 유생들의 승려에 대한 핍박과 관청에서 사찰에 과도하게 내리는 부역에 대해서 직접 탄원하고자 한양에 올라왔다. 막상 한양에 올라왔지만 여덟 가지 천한 신분의 하나였던 승려는 도성 안에 출입할 수 없었던 시절이었다.

용파스님은 부득이 남대문 밖에서 머물면서 물장수를 하면서 기회를 엿보았다. 그렇게 낮에는 물을 길어다 팔고 밤에는 일심으로 기도를 하며 보내기를 3년, 마침내 기회가 오게 되었다. 그 당시 임금이었던 정조가 꿈을 꾸었는데 남대문 밖 어느 허름한 집에 서기(瑞氣)가 비추고 있었다. 정조 임금은 잠에서 깨어나자마자 사람을 보내 꿈에서 본 집을 찾게 했다.

신하가 남대문 밖에 나와서 보니 임금이 설명한 그대로 허름한 집이 있었다. 주변에 확인해 보니 용파라는 스님이 3년 전부터 물장수를 하고 있다는 말을 듣고 그대로 임금에게 아뢰었다. 정조는 용파스님을 궁궐로 불러들여서 용파스님이 3년 동안 물장수를 하게 된 사연을 듣고 승려와 사찰에 대한 핍박을 중단시켜 주었다.

또한, 정조 임금은 용파스님이 보통 인물이 아니라 생각하며, 자신의 후사를 이을 기도를 부탁하게 된다. 용파스님은 정성을 다해 보겠다고 대답하고 궁궐에서 나오자마자 바로 북한산 금선암으로 올라갔다. 그곳에 오랜 도반인 농산(聾山)스님이 있기 때문이었다.

그 뒤 두 스님이 각기 수락산 내원암과 북한산 금선암에서 기도 정진을 올리게 되었다. 그렇게 기도를 올린 지 100일째 될 무렵 금선암에서 기도 중이던 농산스님이 갑자기 열반에 들게 된다. 농산스님의 열반에 맞춰 정조의 후궁인 수빈 박씨가 한 노스님이 자신의 방으로 들어오는 꿈을 꾼 후 곧바로 태기를 느끼게 되는데, 농산스님이 몸을 바꿔서 왕자로 태어난 것이라고 한다.

이렇게 태어난 왕자가 정조의 뒤를 이어 왕위에 오른 순조 임금이다. 정조 임금은 용파스님이 기도했던 내원암에 칠성각과 사성전을 짓고 토지를 하사하는 한편, 손수 '관음전' 편액을 써서 하사했다고 한다.

우주의 중심, 사람들 마음속에
자리 잡다

미항(美港) 통영의 최고봉, 벽방산

'통영' 하면 미륵산에 자리 잡은 용화사를 떠올리는 사람이 많은데, 이 미륵산 용화사와 짝을 이룬 곳이 바로 벽방산(碧芳山) 안정사다. 즉, 미래불인 미륵부처님이 강림할 곳이 미륵산 용화사라고 하면 현세 부처님인 석가모니불의 상수 제자였던 가섭존자가 미륵부처님에게 석가모니부처님의 가사와 발우를 전해주기 위해 들고 기다리는 산이 벽방산이다. 이 경우 벽방산은 벽발산(碧鉢山)이라고도 부르는데 안정사 일주문에는 '벽발산 안정사'로 표기되어 있다.

안정사는 태종무열왕 1년(654년) 원효스님께서 창건하여 해방 전후까지만 해도 통도사의 가장 큰 말사로 인근에 14개의 암자를 거느린 대찰이었으나 현재는 가섭암, 은봉암, 의상암 등 세 곳의 암자만 남아 있다.

이 세 암자 가운데 가섭암은 인근 천개산에서 바라보는 벽방산의 병풍바위의 모양이 가섭존자가 부처님 바루를 들고 서 있는 모습과 닮았다 해서 세워진 암자이다. 안정사 주차장에서 오르는 등산로를 따라 1Km 가량 오르면 나오는데 현재는 법당을 전면 해체하고 보수중이다.

　여기서 다시 1Km쯤 정상을 향해 오르다보면 나오는 암자가 의상
암이다. 대부분 기도처가 바위 아래 제비집처럼 최소한의 적은 인
원이 머물도록 지어졌듯이 이곳 의상암도 의상스님이 앉아 기도했
다는 절벽, 의상선대 아래로 법당 겸 요사로 쓰는 토굴 한 채와 각각
한 평 남짓한 칠성각과 산신각이 그 옆으로 나란히 자리 잡고 있다.

　전체 면적이 20평도 되지 않을 공간 중에서 단연 우뚝 도드라져
보이는 자리에 위치한 곳이 칠성각이다. 두 사람이 겨우 예불을 드
릴 수 있는 크기인데 정면에는 칠성탱과 두 명의 동자의 시중을 받
고 있는 칠원성군상이 도열해 있다.

　　서울대 규장각에는 『칠성청문』이라는 의식집이 보관되어 있는데 칠성기도의 예참법이 담겨 있는 유일한 목판본이다. 1883년에 추담 정행스님이 서사하고 인봉 사서스님이 화주가 되어 해인사에서 발간했는데 여기에서 소개하고 있는 칠원성군의 역할과 기능은 다음과 같다.

명호	별자리 이름	역할
運意通證如來佛	貪狼太星君	자손만대 덕화가 이어짐(子孫萬德)
光音自在如來佛	巨門元星君	장애와 어려움을 멀리 보냄(障難遠離)
金色成就如來佛	祿存貞星君	업장의 소멸(業障消除)
最勝吉祥如來佛	文曲紐星君	구하는 바 모든 것을 득함(所求皆得)
光達智辨如來佛	廉貞綱星君	백 가지 장애가 소멸됨(百障殄滅)
法海遊戲如來佛	武曲紀星君	복과 덕의 구족(福德具足)
藥師琉璃光如來佛	破軍關星君	수명이 길고 장구하게 함(壽命長遠)

민간신앙에서 북극성은 좌표이자 상징이라고 한다면 북두칠성은 생명이요 세상 만물을 움직이는 힘의 원천이라고 믿었다. 일곱 개의 별이 지고 있는 역할들 하나하나가 이고득락의 행복과 각자 마음속에 그리고 있는 이상향의 표현이라 할 때, 그곳은 하늘나라요 칠원성군과 칠성각은 하늘과의 소통 창구다.

그런 의미에서 의상암 칠성각은 의미심장한 전설을 간직하고 있다. 즉, 칠성각 바로 뒤 벼랑 꼭대기가 의상스님이 천공(하늘로부터 공양을 받음)을 받았다는 의상선대다. 당시 최고 선지식이었던 의상스님의 기도에 대한 하늘의 감응이 이미 실현됐던 곳이니 기도처로서는 최고의 명당이지 않을까?

벽방산은 바다에 인접한 산이지만 650m의 만만치 않은 높이로 계곡이 깊고 맑은 물이 넘쳐난다. 의상암을 뒤로 하고 다시 2Km 더 올라가면 정상이다. 여느 때 같으면 통영 앞바다가 한눈에 들어올 텐데 운무가 잔뜩 끼어서 안복을 허락하지 않는다.

정상에서 왼편이 의상봉이요 오른편이 천개산이다. 폐사지로 남은 원효암터가 오른편 능선 어디쯤에 있었다던데, 마치 북한산 대성문에서 구파발을 내려다보면 왼편이 의상봉 능선이요 오른편이 원효봉 능선인 것처럼 여기도 그런 형국이다.

성철스님의 삼천배 일화

천개산 쪽 능선을 따라 3Km가량 내려오면 만나는 암자가 은봉암이다. 성철스님이 현 종정이신 법전스님과 함께 한국전쟁 기간 동안 머물며 수행했다고 전해지는 암자다. 처음에는 은봉암에 기거하시며 참선 정진했는데 은봉암 경치가 너무 좋아서 수행에 방해가 된다고 아래편 골짜기에 토굴을 만들어 '천제굴'이라 이름 붙이고 그곳에서 3년이 넘도록 정진하셨다고 한다.

지금은 천제굴이 흔적도 없이 사라지고 가는 길조차 끊어졌는데 성철스님의 상징처럼 되어 버린 삼천배가 천제굴에서 처음 시작되었다는 사실과 당시의 일화가 지금까지 전해져 내려온다.

원명화라는 보살이 있었다. 그녀의 남편은 마산에서 큰 배 두 척을 가진 사장이었는데 문제는 그 남편이 바람기가 많고 시도 때도 없이 사냥이나 다니며 집을 비우는 사람이었으므로 원명화의 애간

장을 태웠다. 원명화는 그런 남편에 대한 반발로 보석을 사 모으고 값비싼 옷으로 치장을 하는 것을 탈출구로 삼았다.

그런 어느 날, 올케 언니인 길상화가 고성 문수암에 머물던 청담 스님에게 갔다가 성철스님의 얘기를 듣게 되었다. 길상화는 다짜고 짜 원명화를 데리고 성철스님을 찾았다. 성철스님은 검은 비로도 치마저고리에 손가락에는 커다란 반지를 끼었고, 비취 목걸이에다 머리에는 큰 옥비녀를 꽂고 있는 원명화를 보자 화부터 벌컥 냈다.

"비싼 옷을 입고 다니며 누구를 꼬드길라꼬 그러노?"

성철스님은 들고 있던 낫으로 갑자기 원명화의 치마를 찢어버렸 다. 길상화는 쩔쩔맸고 원명화는 기가 질려 움찔하지도 못했다. 그 러자 성철스님께서 속사포처럼 빠르게 산청 사투리를 쏟아냈다.

"내 시킨 대로 안 하면 니 집 망하고, 니는 거지 되어 길거리 나앉 을 끼다. 니 집 망하는 것은 시간문제다."

성철스님의 단언에 원명화가 부들부들 떨면서 말했다.

"큰스님, 어찌 해야 합니까?"

"지금 바로 은봉암 법당에 가서 삼천배 하고 오그라."

원명화 보살은 성철스님이 시키는 대로 삼천배를 하고 후들거리 는 다리로 돌아오니 스님께서는 "모든 사람을 부처님처럼 섬기라. 그것이 참 불공이다. 참 불공이란 목탁을 두드리며 불단에 음식을 차려놓은 것이 아니라 가난한 이를 몰래 돕고, 나보다 못한 이들에 게 고개를 숙이는 것이란 말이다. 원망하는 원수까지도 부처님처럼

섬기는 것이 참 불공인 것이다."라고 말씀하시며, 돌아가거든 남편을 부처님처럼 알고 매일 삼배 할 것, 집에서 일하는 사람들에게 직접 밥을 해 줄 것 등을 또 시켰다고 한다.

원명화 보살은 이것도 모두 시키는 대로 따랐다. 그 뒤 남편은 그런 원명화 보살의 태도에 감화되어 더 이상 바람피우지 않게 되었고, 부부가 독실한 불자가 되었다고 한다.

현재 은봉암은 비구니스님이 머무는 도량이다. 특이하게도 대웅전 왼편에 높이가 7m나 되는 바위기둥이 처마에 닿게 서 있는데, 이 바위가 은봉성석(隱鳳聖石)이다. 예전에는 세 개가 서 있었는데 과거 언젠가 혜월스님이란 분이 도를 깨치는 순간 하나가 무너져 내렸고, 그 뒤 종열스님이란 분이 역시 깨달음을 얻는 순간 두 번째 바위도 무너져 내려서 지금은 하나만 남았다고 전한다.

은봉암에서 500m 내려오면 안정사다. 고풍스러운 만세루와 활달하게 처마가 치켜 올라간 대웅전이 눈길을 끌지만, 그보다 절 뒤편에 너울너울 춤추듯 펼쳐 서 있는 소나무 숲이 인상적이다. 조선시대 말 고종 임금 때 이 절 주지스님이 절 땅을 빼앗으려는 지방 관리를 상대로 송사를 벌여 절 땅을 지킴은 물론 향후 함부로 나무를 베려는 사람을 스님들이 직접 벌을 줄 수 있는 권한까지 받게 되었다고 한다.

당시 고종 임금으로부터 받은 패와 가마 등이 아직도 절에 든든하게 보관되어 있으니 절 뒤편 소나무가 춤추듯 솟아오르는 것은 어쩌면 당연한 일일지도 모르겠다.

산
신

산신 신앙은 우리 민족의 토속신앙이다. 신라시대 경주 인근의 오악을 지정해서 나라에서 제사를 지냈는데 이 같은 풍속은 조선시대까지 이어져 왔다. 신라 이전에도 고조선 단군은 백두산 신단수 아래서 하늘에 제사를 지냈다고 하고 강화 마니산 등지에서 하늘에 제사를 모셨다.

나라에서 제사를 올리던 풍습은 일제시대 이전 마을마다 동제를 지내며 마을의 진산에 올라가 제를 지내고 마을에 내려와 줄다리기나 고싸움 등의 마을 대동제로 이어지며 주민들의 화합과 대동단결의 모티브를 제공하기도 했다.

이런 오랜 풍습은 일제에 의해 민족정신의 말살 차원에서 강제로 폐지하게 되면서 1차로 사라지고, 1970년 새마을운동으로 미신 타파라는 미명하에 거의 절멸되기에 이르렀다.

불교에서는 이단이라는 말은 존재하지 않는다. 불교에서는 부처님의 말씀인 경전조차도 하나의 방편으로 생각하기 때문에 설령 민속신앙이나 무속신앙에도 진리가 있다면 받아들인다. 산신도 마찬가지다. 각 사찰에 산신각을 만들고 이곳에서도 조석예불을 모시는 것은 산을 비롯한 자연환경에 대한 존중과 외경이다.

산신기도처는 사찰 밖 고갯마루나 마을 입구 등에도 아직 숱하게 존재한다. 수많은 무속인들이 전국의 명산 골짜기마다 차린 굿당에서도 산신기도를 올리고 있지만, 거의 모든 사찰 안에도 산신각이 따로 존재하는 곳들이 많다.

그 사찰 산신각 가운데 특별히 영험이 있다는 곳이 바로 계룡산 신원사, 지리산 법계사, 태백산 만경암, 강화 적석사, 춘천 은주사, 영천 은해사 묘봉암, 영천 법룡사, 의성 운람사 등이다. 계룡산 신원사는 고종 때 명성황후가 직접 제사를 지내던 중악단이 있는 산신 제사터요, 지리산 법계사는 지리산 산신으로 추앙되는 선도성모를 모시는 사찰이다.

은해사 묘봉암은 예로부터 나라의 큰일이 있으면 스님들이 모두 모여서 산신기도를 지내던 전통이 있는 곳이요, 춘천의 은주사는 절 근처에 중국 한나라의 천자묘가 있다고 해서 유명하다. 은주사에 내려오는 설화는 다음과 같다.

아주 먼 옛날, 춘천 가리산 한터마을에 한 총각이 아버지와 함께 머슴살이를 하고 있었다고 한다. 한 총각의 아버지는 오랜 머슴살이로 연로해서 돌아가셨는데 가난한 총각은 산소 자리를 구할 수가 없어 남새밭 옆에 가매장해 놓고 돈을 모아서 나중에 장례를 치러 드리겠다고 생각만 하고 있었다.

그러던 어느 날 한 스님이 어린 상좌와 함께 찾아와 머슴방에서라도 묵어 갈 수 없겠냐고 물었다. 한 총각은 흔쾌히 집안으로 모셨다. 집안에 들어온 스님이 무슨 영문인지 한 총각에게 달걀을 줄 수 없겠냐고 물었다. 한 총각은 또 흔쾌히 달걀을 삶아서 스님에게 주었다.

한밤중에 스님이 상좌를 깨워서 함께 밖으로 나갔다. 총각은 몰래 그들의 뒤를 밟았다. 스님은 가리산 중턱에 이르러 이리저리 지형을 살펴보고는 총각이 준 달걀을 땅에 묻었다. 한참을 그곳에서 지키고 서 있었더니 마침내 그곳에서 닭이 홰를 치며 울었다.

스님은 상좌스님에게 이곳이 천하를 다스릴 천자가 나올 최고의 명당자리라고 말했다. 그렇지만 이곳에 묘를 쓰려면 반드시 세 가지를 지켜야 하는데, 그것은 시신을 꼭 금관에 넣어 하관해야 하고, 황소 백 마리를 잡아 제물로 바쳐야 하며, 하관할 때 투구를 쓴 사람이 곡을 해야 한다는 것이었다.

이 말을 엿들은 머슴은 이튿날 노란 귀리짚으로 부친의 시신을 둘러싸서 그 명당자리로 모시고 갔다. 자신의 머리에는 투구처럼 솥뚜껑을 머리에 쓴 채 곡을 하고, 옷을 벗고 황소 같은 이를 백 마리나 잡아서 함께 묻었다.

 그 후 머슴은 중국으로 건너갔다. 어느 대처에 이르니 많은 사람들이 모여 천자를 뽑고 있었다고 한다. 짚으로 만든 북을 쳐서 소리 나는 사람이 천자가 된다는 것이었다. 거기에 모인 사람들이 차례대로 북을 쳤으나 소리가 나지 않았다. 머슴이 북을 치자 북소리가 온 장안에 울려 퍼졌다. 바로 그때 춘천 가리산에서는 머슴 부친의 시신이 용이 되어 하늘로 올라갔다. 머슴은 중국의 천자가 되었다. 그가 곧 한천자이다.

산신기도 도량 **태백산 망경사**(望境寺)

일망무제(一望無際),
경계 없는 경계를 바라보다

하늘 아래 첫 번째 도량 – 망경사

우리나라에서 가장 높은 곳에 위치한 절은 어디일까? 걸어 올라가는 다리품만 생각하면 설악산 봉정암이나 지리산 천왕봉 아래 법계사를 떠올리는 사람들이 많을 것 같은데 정답은 태백산 망경사다.

산 높이는 지리산 천왕봉이 1,915m, 설악산 대청봉이 1,708m, 태백산 장군봉이 1,567m이다. 차례로 200m씩이나 차이가 나지만 실제 봉정암의 해발고도는 1,244m요 지리산 법계사는 1,450m이다. 태백산 장군봉 바로 아래 자리한 망경사는 법계사보다 20m 높

은 1,470m로 전국에서 가장 높은 곳에 위치한 사찰이다.

　어느 사찰을 찾아가 봐도 가장 높은 곳에 위치한 전각이 산신각이다. 하늘 아래 첫 번째 도량인 태백산 망경사도 그런 의미 때문인지 산신기도처다. 자장율사께서 수마노탑으로 유명한 정암사에 머물 때, 이곳 망경사터에서 문수보살의 석상이 나왔다는 얘기를 듣고 창건했다는 설화가 남아 있는 걸 볼 때 처음엔 문수성지로 창건되었다고 여겨지지만, 그 뒤 여러 차례 폐사를 거듭하면서 문수기도처로서의 유적보다는 산신 관련 유적이 더 많이 남아 있게 된 것이다.

　망경사가 산신기도처로 자리 잡기까지는 태백산 주봉인 장군봉

산신기도 도량 태백산 망경사

과 주변 봉우리 세 군데에 설치된 천제단의 존재가 크게 작용한 것으로 보인다. 옛 기록에 보면 신라의 일곱 번째 왕인 일성 이사금이 북쪽 지역을 순례하다가 태백산에 올라 친히 제사를 지냈다고 하며, 후대의 경덕왕도 삼산오악(三山五嶽), 즉 현재의 지명은 불분명하지만 나력산·골화산·혈례산의 3산과 토함산·계룡산·지리산·태백산·팔공산의 5악을 찾아 제사를 지냈다는 기록이 있는데, 그 뒤 고려나 조선시대를 거치면서도 향화(香火)가 끊이지 않던 산이 바로 태백산이다.

이처럼 산에 올라 제사를 지내는 민족성은 언제부터 비롯된 것일까? 단군신화나 가락국 시조 수로신화 모두 시조가 하늘로부터 내려온 곳이 산이요 백성이 왕을 맞는 곳 또한 산이다. 『후한서(後漢書)』 동이전(東夷傳)에 보면, 우리 민족을 일러서 "그 풍속은 산천(山川)을 존중한다. 산천에는 각기 부계(部界)가 있어서 함부로 서로 간섭할 수 없었다." "호랑이에게 제사를 지내고 그것을 신으로 섬긴다."는 기록이 남아 있다.

우리 조상들에게 있어 산은, 신들의 영역인 하늘에 가장 근접한 곳이요, 외형적인 위용과 신비감을 간직하고 있는 성역으로서 태고 이래 아주 오랜 시기 전부터 신격화하여 숭상했던 대상이었다.

불교가 전래된 후 이 같은 산악 숭배사상은 오랜 세월을 두고 자연스럽게 불교에 습합되었다. 기존의 산신기도처가 절로 바뀐 경우도 있었고, 새롭게 창건된 절에 산신각이 만들어지기도 했다. 대부분의 절에서 풍수지리상 가장 명당이라고 할 만한 자리에 산신각이 앉혀진 경우가 많은데, 이 경우 그곳이 오랜 산신기도처라고 짐작해도 틀리지 않는다.

단종의 어린 넋이 산신이 되어…

우리 민속에는 억울하게 죽은 위인을 신으로 모시는 일이 비일비재하다. 고려왕조의 마지막 대장군인 최영은 추자도와 제주도 일대는 물론 전국적으로도 가장 많은 무속인이 섬기는 장군신이며, 청나라에 반대하다 죽은 임경업 장군은 조기잡이 어선의 안녕을 지켜주는 수호신으로 연평도를 중심으로 서해안 일대 당집에 위패로 모신 곳들이 많다.

영월과 태백, 봉화 일대에는 이곳에 유배된 후 사약을 받고 죽은 단종과 관련한 설화도 많고, 인물이나 유적도 적지 않다.

추익한이란 사람이 있었다. 한때 지금의 서울시장이라 할 수 있는 한성부윤까지 벼슬이 올랐던 사람으로 은퇴 후 고향인 영월에 내려와 살면서 폐위된 단종에게 종종 직접 딴 머루와 다래를 올리며 어린 임금을 위로한 인물이다.

하루는 이 추익한이 또 산과일을 따서 단종을 찾아가고 있었다. 늙은 선비의 발걸음이 영월 수라리재를 지날 무렵 곤룡포에 익선관을 쓰고 백마를 타고 지나가는 단종을 만났다.

"아니 혼자 어디를 가십니까?"

"나는 태백산으로 갑니다. 과일은 처소에 갖다 두십시오."

추익한은 곧바로 단종이 머물던 청령포로 달려가니 그곳엔 이미 죽은 어린 단종의 시신만 남았을 뿐 방금 전 보았던 해맑은 임금의 모습은 온데간데없었다. 추익한은 그 자리에서 혼절해서 쓰러진 후 깨어나 스스로 목숨을 끊었다고 한다.

추익한이 보았던 마지막 단종의 모습은 이후 영월, 봉화, 태백은 물론 산 너머 삼척 사람들까지 동시에 꿈을 꾸며 생생하게 목도하게 되고, 사람들 가슴속에서 그대로 태백산 산신으로 자리 잡게 되었다.

1955년 당대의 강백이었던 탄허스님은 장군봉에서 망경사로 내려오는 길목에 단종비와 비각을 만들었다. 이 비각에서는 해마다 음력 9월 3일을 기해 마을 사람들이 올라와 제사를 올리며 태백산 신이 된 단종의 넋을 기린다고 한다.

태백산 소도동

1970년대 미신 타파를 이유로 산지 정화작업을 하면서 계룡산 신도안에 있던 수많은 당집이 철거되고 민족 종교인들이 산개되었던 것처럼 태백산 등산로 초입의 당골도 같은 운명을 맞았다고 한다. 행정 구역상 태백시 소도(蘇塗)동으로 고대사회에서 하늘에 제사를 지내던 신성한 동네를 '소도'라고 했던 것처럼 말 그대로 태백산 아래 당골과 상평, 장거, 초전, 소로, 양지, 음지 등 일곱 군데의 동네를 묶어 소도동이라 부른다.

망경사를 오르는 등산로는 당골에서 바로 올라가는 코스와 왼편 문수봉이나 금천을 돌아서 오르는 코스, 그리고 오른편 유일사나 백단사 그리고 백두대간인 사길령으로 오르는 코스 등이 있다.

사길령은 태백산과 함백산 사이에 난 고갯길로 예전에 보부상들이 경상도와 강원도를 넘나들던 길로서 산짐승이나 도적들로부터 무사하기를 기원하며 보부상들이 계를 조직해서 고갯길목에 산령

태백산 여기저기에서 보이는 호식총. 호랑이에게 물려 죽은 사람을 위해 만든 일종의 가묘

각을 세웠을 만큼 험한 곳이었다고 하나 지금 바로 아래까지 차로 오를 수 있다.

태백산 높이가 1,567m라고 하나 등산로 초입의 해발고도가 이미 800m에 달해 사실상 오르는 길은 700m 남짓이다. 어디로 오르든 세 시간을 넘지 않는 완만한 경사길이다.

당골 등산로 입구에 작은 석장승이 한 쌍 서 있는데 소도나 당골 같은 지명의 유래를 상징적으로 드러내 주고 있으며, 등산로를 가다 보면 호식총(虎食塚)이라는 돌무더기 무덤이 보인다. 호식총은 화전민촌에서 사람이 호환을 당하면 시신을 집으로 들이지 않고 발견한 장소에서 화장하고 그곳에 돌무더기를 쌓아서 죽은 영혼이 호랑이의 부하인 창귀(倀鬼)가 되어 활동하는 것을 방지하기 위한 독특한 무덤 구조다.

"새들이 걸어간 하늘가에 새똥처럼 버려졌다"는 어떤 시인의 표현처럼 언뜻 볼 때 망경사는 작고 볼품없는 절이다. 전각이라야 대웅전과 산신각, 용왕각 세 동뿐이다. 등산객이나 천제단에 들르는 기도객을 위한 요사채가 오히려 더 많은 면적을 차지한다.

산꼭대기에 웬 용왕각일까? 이곳에 솟는 샘물인 용정은 역시 우리나라에서 가장 높은 곳에 솟는 샘으로 낙동강의 발원지 가운데 하나다. 동해의 용궁과 연결되었다는 전설이 있어 용왕각을 세우고 안에 용왕을 모시고 있다. 용정 샘물은 해마다 개천절에 천제단에서

올리는 제사에 쓰이는 물이라고 하며, 물맛이 산뜻하고 개운하다.

　망경사에서 올려다보이는 곳에 단종비각이 있고 비각을 지나 500m쯤 오르면 천왕단이다. 둥근 원형으로 돌을 쌓고 안에는 대종교에서 '한배검'이라는 위패를 세워놓았다. 평일에도 기도객들이 끊이지 않고 찾아와 제단 주변에서 기도를 한다.

　천왕단에서 남쪽으로 300m 떨어진 봉우리에는 장군단이 있다. 천왕단이 원형인데 반해 장군단은 사각으로 입구를 제외한 세 면을 돌담으로 에두르고 제단 위에는 위패 대신 크기가 다른 세 개의 돌을 세워두었다. 이곳에도 기도하는 사람들이 연중 끊이지 않는다.

태백산 천제단을 주봉인 장군봉의 제단인 천왕단으로만 알고 있는데 사실은 천왕단과 장군단 그리고 하단까지 세 개의 제단을 아울러서 천제단이라고 한다.

왜 하필 수많은 산 가운데 태백산을 골라서 천제를 올렸을까? 오랜 궁금증이 정상에 머무는 동안 풀려버렸다. 백두산이 백두대간의 시작점이요 지리산이 종착점이라면 태백산은 시작과 끝을 한데 아울러 기운이 집약된 곳은 아닐까. 올라서면 사방의 산들이 고개를 조아리는 장군봉이 태백산 주봉이다.

문수보살

대승불교의 여러 보살들 가운데 대표적으로 기도의 대상이 된 분은 관음보살이나 지장보살이다. 관음보살은 천 개의 눈과 손으로 중생의 아픔을 어루만져 준다는 면에서, 또 지장보살은 지옥에 단 한 사람이라도 남아 있다면 성불을 미루고 다 구제하겠다는 대원력의 화신으로서 구할 바 많고 죄업이 두터운 중생들에게 끝없이 의지처가 되는 것이 당연할지 모르겠다.

그런데 문수보살의 경우 앞의 두 보살과는 다른 의미로 기도의 대상이 된다. 절에서 아침저녁으로 올리는 예불문에 보면 불보, 법보 다음으로 여러 보살들 가운데 처음으로 예불을 받는 분이 바로 '대지(大智) 문수사리보살'이다. 『유마경』에서도 유마거사가 앓아 눕자 부처님께서는 여러 제자 가운데 가장 지혜로운 문수보살을 선

발하여 유마거사를 문병하게 하고 있다.

여기서 지혜 또는 '큰 지혜'로 번역되는 인도말은 '프라즈냐 (Prajñā)'로서 한역으로는 '반야(般若)'이다. 모든 사물이나 도리를 명확하게 뚫어보는 통찰력을 뜻한다. 초기불교의 주요한 개념인 삼법인(三法印), 즉 모든 것이 고통이라는 일체개고(一切皆苦), 모든 것은 머무는 바 없이 움직인다는 제행무상(諸行無常), 모든 진리에 '나'라는 선입견이나 전제가 없다는 제법무아(諸法無我)도 이 반야의 눈으로 볼 때만 알 수 있다고 한다.

반야지혜는 모든 부처님의 어머니

또한, 깨달음에 이르게 하는 여섯 가지 실천덕목인 보시·지계·인욕·정진·선정·반야바라밀 가운데 나머지 다섯 가지의 근거가 되는 것이 반야바라밀이요, 말로써 표현하는 자체도 또한 반야바라밀이어서 반야는 여러 부처님의 어머니라고도 불린다.

이 궁극적인 통찰력, 완성된 지혜인 반야지혜를 상징하는 보살이 바로 문수보살이다. 그러니 고금(古今)을 막론하고 남달리 자식들이 입신양명하기를 바라는 이 땅의 어머니들은 문수보살에 대해 간절함의 깊이를 더해 왔다.

그래서 그런가 산 가운데 문수봉이라는 이름의 봉우리들은 대개가 하나같이 뾰족한 삼각뿔처럼 하늘로 치솟았다. 그런 모양새 때문에 붓을 거꾸로 든 것 같다는 의미로 문필봉이라는 이름으로 불리기도 하는데 그런 산에는 꼭 그 지방 출신의 대 학자나 높은 벼슬에 오른 사람들이 기도하거나 공부했던 곳으로 소개된다.

우리나라의 문수신앙은 자장율사에서 비롯된다. 자장율사가 중국 청량산 태화지(太和池)에 있는 문수보살석상 앞에서 7일 동안 기도를 올리자 문수보살이 현현(顯現)하여 범어로 된 사구게를 내려주었고, 이를 한 노승에게 해석을 부탁하여 듣게 되자 부처님의 금란가사와 발우 그리고 사리를 얻게 되었다. 이후 신라로 돌아가 구층목탑을 세울 것을 부촉받고 돌아와 황룡사를 창건하고 구층목탑을 세운다.

또한, 그 노승으로부터 우리나라 오대산이 문수보살이 1만 명의 권속을 데리고 상주하는 곳임을 듣고 이곳에 부처님 사리를 봉안하니 그곳이 상원사 중대보궁을 비롯한 5대 적멸보궁(설악산 봉정암, 상원사 중대보궁, 영월 법흥사, 양산 통도사, 태백산 정암사)이다.

문수보살을 주존으로 모시고 기도하는 법을 문수팔자법(文殊八字法)이라 하는데, 문수보살의 광대무변한 지혜를 빌어 천재지변이나 일식, 월식은 물론 병란을 피하는 수행법으로 알려졌다.

기록 속에서 문수보살과 관련한 영험담은 많이 남아 있는데, 대표적으로는 조선 세조가 어린 조카를 죽이고 왕위에 오른 후 등창으로 고생할 때 상원사 계곡에서 문수동자를 만나 낫게 된 이야기나, 의상이나 원효 그리고 봉은사의 창건주인 연회국사께서 문수보살을 친견했다는 이야기 등이 전해져 온다.

문수보살도 대승불교의 많은 보살들처럼 중생을 제도하기 위한 서원을 세우는데 이를 '문수 10대원'이라고 한다. 유난히 보리심과 보리도를 강조하는데, 보리(菩提)가 수행의 결과 얻어지는 깨달음이나 지혜를 뜻한다고 할 때 보리도를 증득한 지혜제일 문수보살의 특성을 잘 드러내고 있다.

문수보살 10대원

① 모든 중생이 부처님의 가르침을 성취하게 하고 갖가지 방편으로 불도에 들게 하겠습니다.
② 저를 비방하고 미워하고 죽이려는 중생이라도 모두 보리심을 내게 하겠습니다.
③ 저를 사랑하거나 미워하거나, 깨끗한 행을 하거나 나쁜 짓을 하거나 모두 보리심을 내게 하겠습니다.
④ 저를 속이거나 업신여기거나 삼보를 비방하며 교만한 자들까지도 모두 보리심을 내게 하겠습니다.
⑤ 저를 천대하고 방해하며 찾지 않는 자까지 모두 보리심을 내게 하겠습니다.
⑥ 살생을 업으로 하는 자나 재물에 욕심이 많은 자까지 모두 보리심을 내게 하겠습니다.
⑦ 모든 복덕을 부처님의 보리도에 회향하고 중생이 모두 복을 받게 하며, 모든 수행자에게 보리심을 내게 하겠습니다.
⑧ 육도(六道: 지옥·아귀·축생·수라·하늘·인간세상)의 중생과 함께 나서 중생을 교화하며 그들이 모두 보리심을 내게 하겠습니다.
⑨ 삼보를 비방하고 악업을 일삼는 중생들이 모두 보리심을 내어 위없는 도를 구하게 하겠습니다.
⑩ 자비희사(慈悲喜捨)와 허공같이 넓은 마음으로 중생을 끊임없이 제도하여 보리를 깨닫고 정각을 이루겠습니다.

문수기도 도량은 오대산 상원사를 비롯해서 지리산 칠불암, 강릉 수다사, 태백 석남원, 춘천 청평사, 북한산 문수암, 김포 문수사, 평창 문수사, 영동 반야사, 옥천 문수사, 서산 문수사, 구미 문수 사, 경남 고성 문수사, 울산 문수암, 김제 문수사, 익산 문수사 등 이 있다.

이 가운데 김포 문수사는 조선 후기 대강사였던 풍담 의심스님이 주석했던 사찰로 인근에 풍담스님의 부도와 비석이 남아 있는 곳이 다. 범패로 무형문화재로 지정받았던 태고종 벽웅스님이 입적하기 전까지 기거하시던 사찰이기도 하다.

고성 문수사는 한려해상이 한눈에 내려다보이는 절경에 위치하 고 있다. 성철스님이 한국전쟁 당시 1년여 동안 이곳에 기거하시며 수행 정진했고, 청담스님이 오랜 기간 수행한 곳이다.

문수도량 가운데 가장 유명한 곳은 오대산 상원사다. 세조가 문수동자를 친견하고 친견한 모 습을 구술해서 그대로 조성한 동 자상이 현재 상원사 법당에 모셔 진 머리 양쪽을 묶은 문수동자상 이라고 한다. 세조 임금은 어린 조카 단종을 쫓아내고 왕위에 올 라 그 벌로 지독한 피부병에 걸려 전국의 사찰을 찾아다니며 참회하고 다닌 것으로 알려졌는데, 사실은 세조가 거둥했던 절들은 모두 한글 창제와 밀접한 관련이 있다고 알려진 신미스님의 행적을 따라다닌 것이다.

신미스님이 속리산 복천암이라는 법주사의 작은 암자에 있을 때 그곳으로 행차해서 정이품송 설화를 남기고, 신미스님이 오대산 상원사에 머물 때 또 그곳으로 거둥해서 앞서의 문수동자 친견 설화를 남겼다. 또한, 신미스님의 고향인 영동의 반야사를 중건할 때는 그곳까지 가서 상원사 문수동자 설화와 유사한 설화를 반야사에도 남겨 놓았다.

문수기도 도량 **고창 청량산 문수사**

문수보살, 단풍나무 숲에 앉아 반야지혜를 벼리다

단풍나무 숲에 자리한 문수도량

70~80년대 가을 단풍으로 가장 유명한 곳을 꼽을라치면 내장산 내장사를 빼놓을 수 없다. 다른 곳에 비해서 단풍의 붉은 빛이 더 선연하고 아름다워서 단풍을 보도하는 뉴스에서도 빼놓지 않고 내장산 단풍을 얘기하곤 했는데, 이 내장산에서 서쪽으로 뻗은 지맥이 바로 고창 문수산(621m)이다.

자장율사가 중국으로 건너가 청량산에서 7일 기도 끝에 문수보살을 친견하고 돌아올 때, 우연히 이곳을 지나다가 산세가 중국의 청

량산과 흡사하다 하여 이 산중에 있는 굴속에서 기도하니 역시 문수
보살이 나타나 친견했다고 해서 산 이름도 절 이름도 '문수'인, 유
서 깊은 문수보살 인연처다.

고창군 고수면 소재지에서 고수 도요지와 조산 저수지를 지나,
왼편 골짜기를 타고 6Km 정도를 오르면 차례로 소나무 숲, 단풍나
무 숲이 우거진 산등 서향에 문수사가 있다. 물이 맑고 숲이 좋은데
도 인적이 드물어 오염이 전혀 되지 않은 곳이다.

오르막 초입에는 울울한 소나무 군락이던 숲길이 일주문을 지나
면서부터 단풍나무로 바뀌는데, 이 단풍나무 숲은 지난 2005년 단

풍나무 군락으로는 국내에서 유일하게 천연기념물 제463호로 지정
되었다. 수령이 100년에서 400년에 달하는 높다란 자생 단풍나무
로 주차장에서 절까지 오르는 길에선 작은 손바닥 같은 잎새로 하늘
을 다 가려서 은은한 연둣빛 터널을 만들고 있다. 아직은 철이 일러
서 가지 끝 햇살 받는 곳에만 피처럼 빨간 잎새가 하늘거리는데 11
월 초·중순경이면 절정을 이룬 붉은 터널로 바뀐다고 한다.

　　대웅전과 문수전 그리고 삼성각인 금륜전(金輪殿)과 명부전 등의
전각이 있으며, 한산전이라는 전각은 근래 화재로 소실되어 현재
복원불사를 계획하고 있다. 이 가운데 대웅전은 지방유형문화재 제

51호로 석가모니 삼존불이 모셔져 있으며 삼존불상 옆으로 창건주인 자장율사의 진영이 모셔져 있다.

지방유형문화재 제52호인 문수전은 대웅전 뒤편에 놓여 있다. 자장율사께서 이 산 토굴에서 수행하실 때 친견한 문수보살께서 가보라고 한 곳을 파보니 땅 속에서 나왔다고 하는 석조문수보살상이 모셔져 있다. 문수보살상은 대개가 동자상으로 조성되었는데 여기처럼 삭발 염의한 스님상으로 조성된 예는 매우 희귀하다.

타원형으로 둥근 얼굴에 이목구비가 시원시원하게 새겨져 있으며, 양 손은 염의 앞쪽에 공손히 모아져 있다. 부석사 무량수전의

아미타불처럼 전각에 들어서면 오른편을 향해 좌정해 있다. 얼핏 보면 삼남 지방에 광범위하게 분포되어 있는 마을미륵처럼 생겼지만 뒤편에 조성된 문수탱화를 통해 문수보살상임을 알 수 있다.

별도의 문수전을 만들어 문수보살을 모신 예도 그다지 많지 않고, 협시불로 모시거나 동자상으로 모신 경우는 종종 있지만 석상으로 문수상을 조성해 모신 곳은 아마도 이곳이 유일하지 않을까 생각한다. 그런 연유에선지 요즘 입시를 앞둔 부모들이 문수보살의 지혜를 빌어 자식의 합격을 기원하는 기도를 올리러 오는 경우가 많다고 하며, 실제 영험 사례가 적지 않다고 한다.

주변 단풍 숲 사이로 조성된 두 곳의 부도전에는 총 아홉 기의 부도가 놓여 있다. 수는 많지 않지만 단풍잎새 사이로 스며들어 온 햇살이 옥개석에 부딪치며 고즈넉한 맛을 보여주는 가장 아름다운 부도전 가운데 하나로 꼽을 만하다.

미당 서정주가 선운사 동백꽃을 구경하러 갔다가 "꽃은 아즉 피지 아니했다."고 읊은 것처럼, 화창한 가을날 천연기념물 단풍 숲 구경 갔다가 단풍은 아직 들지 아니하고 푸른 빛깔 머금은 부도만 바라보며 무상한 세월만 느끼고 돌아온다.

적멸보궁

석가모니부처님께서 구시나가라 사라쌍수 아래서 입멸에 들자 뿔뿔이 분열되어 있었던 인도의 각국들은 부처님 사리를 나누는 문제로 일촉즉발의 분쟁 위기에 빠져 버렸다고 한다. 먼저 가장 강성했던 마가다국의 아사세왕이 구시나가라 지역을 장악하고 있던 말라족에게 요구했다.

"전해들은 바에 따르면 석가세존께서 성스러운 땅 구시나가라에서 열반에 드셨소. 그런데 세존께서도 왕족이요 우리도 또한 왕족이요. 같은 왕족으로서 우리는 세존의 사리를 분배하는 데 참석할 권리가 있다고 생각하오. 우리는 세존의 사리탑을 건립하여 공양을 올리고자 하니 사리를 나누어 주기 바라오."

이 같은 마가다국의 요구는 곧바로 베살리의 리차비족을 거쳐 부처님의 고향인 카필라바스투의 샤카족과 알라카파 부리족 등 일곱 개 부족으로 번졌다. 말라족이 이러한 각 부족의 요구에 대해서 단호히 거절하자 당시 인도 고대 부족국가들 간의 전쟁 위기로까지 번지게 된 것이다.

이때 바라문 가운데 도나라는 사람이 나서서 중재했다.

"부처님께서는 인내를 가르치셨는데 위없는 분의 사리, 그것을 가지고 분쟁을 하는 것이 말이나 되오? 의좋게 여덟 등분으로 나누어 갖도록 합시다."

일곱 개 나라와 구시나가라의 말라족까지 이 중재에 합의를 하고 도나 바라문에게 분배를 의뢰해서 공평하게 나누어 돌아갔다. 이때 핍팔리바나의 모리야족이 뒤늦게 소식을 듣고 찾아오니 사리는 이미 분배된 후라 부처님을 다비한 재만 챙겨서 돌아가 회탑(灰塔)을 세우고, 분배를 맡은 도나 바라문은 사리를 담았던 병을 가지고 가서 병탑(瓶塔)을 세우니 최초 열 곳의 사리탑(근본10탑)이 만들어지게 된다.

기독교에서도 예수님이 죽자 한동안 예배의 대상을 찾지 못하다 예수의 죽음을 상징하는 십자가가 예배의 대상으로 떠오르게 되고 르네상스 이후에나 예수나 성모마리아의 형상을 만들어 모시게 된 것처럼, 불교도 마찬가지였다. 교조(教祖)인 석가모니부처님이 열반에 들자 존경과 예배의 대상을 찾지 못하던 사람들은 부처님의 사리가 모셔진 열 군데의 탑을 찾아가 마치 부처님께 공양 올리듯 공양도 올리고 기도와 예배의 대상으로 삼게 되었다.

룸비니에서 발견된 아소카왕의 석주에 남은 기록을 유추해 볼 때 부처님 입멸 연대는 기원전 367년경으로 본다. 부처님 입멸 후 인도는 알렉산더 대왕의 침공을 받게 되는데 이를 막아낸 왕이 아소카왕의 할아버지인 찬드라굽타다. 찬드라굽타는 분열된 인도를 통일하면서 외침을 막아내고 인도 최초의 통일 왕국인 마우리아 왕조를 열었다.

마우리아 왕조의 3대 왕인 아소카는 할아버지와 아버지에 이어서 남인도까지 통일하며 명실상부한 통일 인도를 이룬 후 불교에 귀의해서 법의 왕이라는 의미의 다르마라자라는 칭호로 불리게 된다. 아소카왕은 불교를 통일 인도의 통치이념으로 삼아서 100년 전 여덟 군데 나누어 모셨던 부처님의 사리를 다시 모아서 인도 전역에 8만4천 개의 탑을 세우고 다시 분배해 모셨다. 이때 세운 대표적인 탑이 밥그릇을 엎어놓은 것처럼 생긴 인도의 산치대탑이다.

아소카왕 시대를 거치면서 마가다국 주변의 군소 종교였던 불교는 인도 전역은 물론 동남아시아와 중국 등지로 퍼지는 세계 종교로 발돋움하게 된다. 당시의 불교 전파에는 경전과 더불어 사리의 전파와 탑의 건립이 함께 수반되어 나라마다 독특한 양식의 탑 모양이 존재하는데 인도에는 산치대탑처럼 밥그릇을 엎어 놓은 복발형 탑이 남아 있고, 중국과 일본과 우리나라에는 초기에는 목조건축의 미니어처 같은 목탑 양식에서 다 같이 출발했지만 나중에는 중국은 벽돌을 구워서 만든 전탑(塼塔)이, 전란의 영향을 적게 받은 일본은 목탑(木塔) 그대로의 양식이, 우리나라는 돌을 쪼아서 만든 석탑(石塔)이 특징으로 굳어져 내려온다.

적멸보궁은 부처님의 사리를 모신 곳이다. 최초 자장율사가 중국에서 문수보살을 친견하고 받아온 부처님 진신사리를 모신 다섯 곳을 5대 적멸보궁이라고 하는데, 설악산 봉정암, 오대산 상원사, 영월 법흥사, 태백산 정암사 그리고 양산 통도사가 그곳이다.

그 뒤로도 유학승이 중국에서 사리를 구해 모셔 와서 봉안한 곳들도 있고, 근래에 동남아 각국의 불교계와 교류를 통해서 진신사리를 모셔온 곳들도 있지만 앞서 다섯 곳의 보궁처럼 기도처로서 자리를 잡은 곳은 드물다.

이 땅 첫 번째 적멸보궁,
그러나 잊혀진 적멸의 땅

우리나라 최초의 사리탑

우리나라에서는 진흥왕 10년(549년) 양나라 사신이 부처님 사리를 가져왔다는 기록이 최초이다. 당시 진흥왕은 백관에게 흥륜사 앞길로 나가서 예를 갖춰서 맞도록 했다는 기록이 남아 있다. 이후 자장율사가 중국 청량산에서 문수보살을 친견하고 진신사리를 얻어 돌아와서 황룡사와 오대산 중대보궁, 태백산 정암사, 양산 통도사, 설악산 봉정암, 영월 법흥사 등지에 나누어 모시고 탑을 세움으로써 이 다섯 군데의 사찰을 5대 적멸보궁으로 부르게 됐다.

하지만 그 뒤에도 경덕왕 10년(751년) 불국사의 다보탑과 석가탑에 사리를 봉안한 것처럼 이후에도 수많은 부처님 사리가 들어오고 이를 모시기 위한 탑이 건립되었다. 『삼국유사』에서 일연스님께서 경주시내에 기러기 행렬처럼 많은 수의 탑이 세워져 있다고 할 만큼.

부처님 입멸 연대를 기원전 367년경이라고 할 때, 진흥왕 10년(549년)은 900년이 지난 후가 된다. 인도의 8개 부족이 전쟁의 위기 속에서 분배해서 모신 지 900년이요, 아소카왕이 이를 다시 8만4천 개의 탑에 나누어 모신 때로부터도 800년이 지난 후다. 그러나 이 800년 혹은 900년 동안 정말 우리나라에는 부처님 사리를 들여온 적이 없을까?

탑을 허물어 확인해 본 적은 없어 사실 여부는 검증되지 않았지만 기록상으로는 분명 있다. 『화엄경』 「보살주처품」 32권에 보면 "동남방에 한 곳이 있어 이름이 지제산(支提山)이다. 예로부터 여러 보살이 그곳에 주석하는데 현재도 보살이 있으니 이름이 천관(天冠)이다. 이 보살은 대중 일천 인과 더불어 그곳에서 법을 설하느니라." 라는 구절이 있다. 같은 『화엄경』 「보살주처품」에서 우리나라의 또 다른 한 군데인 금강산을 법기보살이 머무는 곳으로 지칭하고 있으니 우리나라에는 대승보살이 머무는 곳이 금강산과 천관산 두 곳임을 알 수 있다.

이 같은 내용을 뒷받침하는 또 다른 기록이 바로 『석보상절』이다. 한글을 만들고 처음 만든 책이라고 알려진 이 책에서 "아육왕(아소카왕)이 밤에 귀신을 시켜 칠보의 가루로 8만4천 보탑을 만들고 야사존자에게 명하여 손가락을 펴서 8만4천 갈래에 방광하게 하고 날랜 귀신을 부려서 한 광명씩 따라가서 그 광명이 다다른 땅에 한 날 한 시에 탑을 세우라 하니 …(중략)… 그 탑이 진단국에 있는 것도 열아홉이니 우리나라에도 전라도 천관산과 강원도 금강산에 이 탑이 있어서 영험한 일이 계시니라."(『석보상절』 제24권)라고 소개하고 있다.

만약 이 두 가지 기록이 사실이라면 사리뿐 아니라 불교의 최초 전래도 500여 년이나 앞당겨지게 되고, 영광 불갑사나 가야불교 10여 곳의 사찰 존재 등의 창건 설화에서 소개하는 불교 남방전래설도 유력한 근거를 갖게 되는 일이다.

아소카왕 탑이 우리나라에도?

천관산 장천재 쪽 입구에 가면 커다란 선돌에 '호남제일(湖南第一) 지제영산(支提靈山)'이라고 쓰여 있다. 이 지방 출신의 실학자였던 존재(存齋) 위백규(魏伯珪) 선생이 쓴 『존재집』 가운데 일종의 감여서(堪輿書)라 할 수 있는 책의 제목도 『지제지(支提志)』다. 『화엄경』에 소개된 동남방의 한 산이 있어 이름이 '지제산'이라고 한 것처럼….

지제는 바로 탑을 의미한다. 그렇기에 지제산은 탑산이요, 아소카왕의 탑이 서 있는 곳 바로 옆에는 탑산사라는 작은 절이 위치하

고 있다. 『지제지』에 보면 한때 천관산에는 89개의 암자가 있었다고 한다. 그 89개의 암자 가운데 중심 역할을 한 곳이 바로 탑산사라고 한다.

장천재 입구 입간판으로 서 있는 관광지도에는 '아육왕탑'이라는 글자가 아무런 설명 없이 무덤덤하게 표시되어 있다. 2천3백 년 전 서역의 한 불심 깊은 왕이 수억만 리 떨어진 이곳까지 부처님 사리를 보내서 모셨다는 것이 설령 사실이 아니라 해도, 그 이름을 지도에 표시하면서 왜 그럴까 하고 한번 의문도 가져보지 않은 것 같다.

장천재에서 등산로를 따라 1시간 반쯤 오르면 고려시대 때 쌓은 봉화대가 네모반듯하게 놓여진 곳이 최고봉인 연대봉이다. 여기서 억새밭 길을 따라 능선길을 따라가면 오른편에 책을 세워놓은 것처

럼 반듯하게 세로로 서 있는 바위군락을 만난다. 이곳이 환희대인
데 오랜 옛날 한 보살이 경전을 배에 가득 싣고 와서 이곳에 정박한
채로 굳어진 거라고 한다.

환희대를 뒤로 하고 능선을 더 따라 내려가면 거북이 등처럼 둥
근 산이 나온다. 산 정상에서 용 아홉 마리가 승천했다는 구룡봉인
데 구룡봉에서 왼편으로 흘러 내려가는 가파른 길을 5분 여 따라 내
려가면 거대한 주사위를 쌓아 올린 것처럼 정방형의 바위돌탑을 만
난다. 바로 아소카왕이 800여 년 전 귀신을 보내 쌓았다는 아육왕
탑이다.

원래는 쌍탑이었는데 조선시대 때 바로 아래 의상암에서 공부해
서 벼슬길에 올랐던 위정훈과 선세휘가 꿈에 한 고승이 빨리 나오라

고 해서 급히 나와 보니 탑 한 쪽이 무너져 의상암이 사라졌다고 한다. 지금은 이곳에 석등 부재 하나와 길게 쌓은 석축이 의상암터가 이곳이었음을 알려주고 있다.

아육왕탑에서 작은 산등성이 하나를 넘으면 탑산사가 나온다. 겉 모양은 절도 암자도 아닌 산장 같은 모습을 띠고 있지만 안에 들어가면 작은 불상을 모신 어엿한 법당이다. 지금은 대흥사에 보관중인 보물 제88호 탑산사 동종이 바로 이 절의 유물이었을 만큼 예전엔 규모가 제법 큰 대찰이었다고 한다.

지금은 이렇다 할 유물 하나 남아 있지 않아서 그랬겠지만, 절 곳곳에 한국기록원이라는 곳에서 인증한 '최초 불교, 부처님 사리가 들어온 곳'이라는 인증서와 관련 기사가 크게 복사되어 여기저기 붙어 있다. 아육왕탑의 반쪽이 무너지면서 냈던 소리도 저렇게 허망하게 들리지 않았을까 싶다.

아소카왕은 왜 하필 세계 8만4천 곳에 불사리탑을 세우면서 이곳 천관산을 골랐을까? 정방형의 자연석을 그야말로 귀신이 쌓은 것처럼 쌓은 아육왕탑도 그렇지만 이 산 자체가 부처님 진신사리를 모셨다는 『화엄경』과 『석보상절』의 기록이 더 의미있는 문화유산이 아닐까? 탑산사에서 되돌아오는 길은 갔던 길을 그대로 나오는 수밖에 없다. 돌아오는 길에 펼쳐지는 구룡봉과 책바위와 연대봉, 억새밭의 경치가 꽃으로 장엄한 화장세계에 다름 아니요, 가히 불사리를 모실 만한 빼어난 곳임을 알아차리게 한다.

5대 적멸보궁 **통도사, 상원사, 봉정암, 정암사, 법흥사**

삼국통일의 원동력이 된
신라인의 종교적 자부심

통도사

우리나라의 여러 사찰 가운데 삼보사찰이 있다. 해인사, 송광사
와 더불어 통도사를 삼보사찰이라 부르는데, 부처님의 말씀을 담은
『팔만대장경』을 간직하고 있는 해인사를 법보종찰이라 하고, 고려
시대 보조국사를 비롯해서 12명의 국사를 배출한 송광사를 승보종
찰이라고 한다. 또한, 자장율사가 중국 오대산에서 문수보살을 친
견하고 받아온 석가모니부처님의 진신사리를 모신 통도사를 불보
종찰이라 한다.

통도사는 적멸보궁이라고 한다. 적멸보궁에는 석가모니부처님의

진신사리를 모시고 있어서 따로 불상을 만들어 모시지 않는다. 현재 우리나라에 있는 적멸보궁 중 가장 유명한 5개의 보궁을 5대 적멸보궁이라 하는데 영축산 통도사, 오대산 상원사, 사자산 법흥사, 정선 정암사, 설악산 봉정암이 그곳이다.

이 다섯 곳의 적멸보궁은 모두 자장율사로부터 시작됐다. 신라로 건너온 자장율사가 가장 먼저 세우게 된 절이 통도사이다. 자장율사는 나무오리를 날려서 오리가 칡꽃을 물고 온 땅을 보고 그곳이 명당임을 한눈에 알아차렸다. 주변의 지형도 부처님이 『법화경』을 설한 인도의 영축산과 닮아 있었다.

그러나 이곳에 아홉 마리의 용이 모여 사는 구룡지가 있었다. 이미 자리 잡고 있던 아홉 마리의 용들은 자장율사가 절을 세우려는 것을 번번이 방해했다. 자장율사는 종이에 '불 화(火)'자를 써서 구룡지에 던지자 물이 끓어서 용들이 쫓겨난다. 그 중 세 마리는 하늘로 올라가다 죽고, 다섯 마리는 골짜기로 숨어버렸는데 이 다섯 마리 용이 숨은 곳을 오룡곡이라고 한다.

마지막 한 마리는 눈이 멀어 도망가지 못하고 자장율사에게 살려달라고 빌었다. 자장율사는 이를 불쌍히 여겨 연못을 지키도록 하니 지금도 구룡지에 남아 통도사를 지키는 호법신장이 되었다고 한다. 구룡지는 용이 지키기 때문에 아무리 가물어도 물이 줄지 않고 홍수가 나도 물이 불어 넘치지 않는다고 한다.

상원사

오대산 상원사는 신라 성덕왕 4년(705년)에 창건됐다. 『삼국유사』 에 의하면 효소왕 때 신문왕의 아들인 보천(寶川)과 효명(孝明) 두 왕 자가 오대산에 입산하여 동쪽에 있는 만월산(滿月山)에는 일만관음 보살을, 서쪽에 있는 장령산(長嶺山)에는 일만대세지보살을, 남쪽에 있는 기린산(麒麟山)에는 일만지장보살을, 북쪽에 있는 상왕산(象王 山)에는 일만미륵보살을, 중앙에 있는 지로산(地盧山)에는 일만문수 보살을 참배하면서 정진하고 있었다.

효소왕이 후계를 정하지 못하고 죽자 신하들은 오대산으로 입산 한 두 왕자를 불러와서 왕위를 계승하도록 설득했으나 보천 태자는 극구 뜻을 굽히지 않았고, 이를 대신해서 효명 왕자가 왕위를 계승 해서 성덕왕이 되었다. 그 뒤 성덕왕이 된 효명은 다시 이 산을 방문

기도 도량을 찾아서

하여 진여원(眞如院)을 창건하고, 문수보살상을 조성하여 봉안함으로써 현재의 상원사가 창건된 것이다.

하지만 오대산이 적멸보궁으로 자리 잡는 것은 다른 보궁들과 마찬가지로 자장율사와의 인연에서 비롯된다. 문수보살을 친견한 중국 오대산과 같이 산 이름도 오대산으로 붙이고 동서남북과 중앙에 각기 방위에 따른 보살 인연처를 두는 오대 신앙을 이 땅에 뿌리내린 것은 자장율사의 불국토신앙과 밀접한 관련을 맺고 있기 때문이다.

불국토사상이란 이 땅에도 부처님과 보살님이 머물고 있다고 믿는 불교관이다. 대승불교에서는 석가모니부처님 외에도 많은 부처와 보살들이 시방(十方) 세계에 수없이 존재한다고 생각했다. 그 결과 사방에 부처와 보살이 머물며 중생을 구제하는 불국토가 설정되었다. 즉 아미타불(阿彌陀佛)의 서방 극락, 관음보살의 보타낙가산, 문수보살의 오대산 등이 그것이다.

신라는 고구려나 백제에 비해 불국토사상이 매우 번성했다. 신라의 불국토사상은 자장에 의해서 처음 나타났는데 자장은 경주 황룡사 터가 과거 가섭불(迦葉佛)이 설법하던 곳이라고 말하거나 오대산을 문수보살이 상주하는 인연처로 설정했다. 자장은 지혜제일의 문수보살이 신라에 상주하고 있다는 믿음을 신라인들에게 인식시켜 종교적인 자부심을 북돋고 고구려나 백제에 비해 늦게 불교를 공인했던 신라인들에게 자긍심을 심어 주었던 것으로 보인다.

신라는 삼국을 통일한 후에 이러한 불국토사상을 더 진전시키게 된다. 의상은 동해안 낙산사를 관음보살이 상주하는 곳으로 보고 절을 창건하고, 금강산이 법기보살의 상주처, 장흥의 천관산은 천관보살의 상주처로 여겨 여러 절을 창건하기에 이른다. 또한 백월산 남사는 달달박박과 노힐부득이 각기 아미타불과 미륵불로 성불한 곳이라고 전해지기도 한다.

이 불국토사상은 불법을 믿는 사람들은 언제, 어디서나 진신을 친견할 수 있고, 자신이 머물고 있는 그 자리가 그대로 불국토가 될 수 있다는 사상이다. 불교 수용 이전의 전통적 산악 숭배사상이 화랑도로 이어져 있던 신라인들은 이 사상을 쉽게 받아들이게 됐다. 오대산은 그런 자장의 불국토사상이 가장 진하게 배인 곳이다.

상원사와 가장 인연이 많은 임금은 조선 왕조의 세조 임금이다. 세조는 1464년(세조 10년) 직접 이곳까지 거둥해서 상원사 중창 불사 법회에 참석하고 많은 일화를 남겼다. 세조 임금이 고질적인 피부병을 앓다가 이곳 상원사에 와서 문수동자가 씻어줘서 나았다거나, 법당에 들어서려는데 고양이가 나타나 못 들어가게 옷자락을 물어뜯음으로써 자객의 위해로부터 벗어났다는 일화가 남아 있다.

상원사에는 세조의 이런 일화로 인해서 한 쌍의 고양이 석상이 계단 아래 조성되어 있기도 하고, 등을 밀어줬던 문수동자의 상을 세조의 기억 그대로 조성해 모셔 일화의 사실성을 뒷받침하고 있다. 세조는 상원사를 다녀간 다음해에 상원사를 중창하는 데 도움을 주고, 전답을 하사했으며, 이 모든 것을 영산부원군 김수온(金守溫)에게 기록하도록 했다.

봉정암

설악산에서 가장 높은 곳에 위치한 사찰이 봉정암이다. 자장율사는 당나라에서 진신사리를 가지고 온 뒤, 먼저 통도사에 봉안하고 이어 금강산에 봉안하려고 강원도를 찾았다. 그때 하늘에서 봉황새 한 마리가 나타나서 길을 인도하기에 따라가니 지금의 소청봉 아래 큰 바위 앞에서 홀연히 사라졌다고 한다.

그곳의 바위들은 부처의 모습
과 흡사했고 특히 봉황이 사라진
곳은 부처 형상의 이마에 해당하
는 부위였다. 봉황이 살짝 날개를
펼친 듯한 거대한 바위를 중심으
로 가섭봉, 아난봉, 기린봉, 할미
봉, 독성봉, 나한봉, 산신봉 등
일곱 바위봉우리가 병풍처럼 둘
러쳐져 있었으니 봉황이 알을 품
은 형상이었다. 이곳에 자장율사
는 가지고 온 진신사리 가운데 부
처님 뇌사리를 봉안하고 5층석탑
과 암자를 짓고 봉정암(鳳頂庵)이라 이름을 붙였다.

만해스님이 쓴 「백담사사적기」에 따르면 봉정암은 667년 원효대
사가 중건하고, 이어 고려 중기인 1188년에는 보조국사가, 1648년
에는 환적스님이, 1678년에는 등운스님이 각각 중건을 했다고 한
다. 또 1748년에는 설정스님, 1780년에는 계심스님, 1870년에는
익공스님과 수산스님이 중건을 거듭해왔다.

강원도 일원에는 자장율사가 창건한 사찰이 많다. 그 가운데 이
곳 봉정암이 봉황의 정수리라고 하면, 횡성 태기산 아래 봉복사는
봉황의 배에 해당한다고 한다. 깊은 산중에 외지고 궁핍한 곳에 위

치하고 있지만 공양물이 끊이지 않는 곳이 봉복사인데 봉황이 배를 곯지 않아야 지역과 나라가 발전한다고 해서 항상 배를 채워준다고 한다. 마지막으로 봉황의 꼬리에 해당하는 곳이 바로 여주 봉미산 신륵사다.

정암사

자장율사가 강릉 수다사를 창건하고 그곳에 머물 때였다. 중국에서 문수보살을 친견하고 돌아와 통도사를 비롯한 여러 사찰을 창건하고 이제 세연이 얼마 남지 않았음을 직감한 자장율사는 마지막으로 문수보살을 친견하고자 지극한 마음으로 기도하고 있었다.

그러던 어느 날 자장율사는 중국 오대산 북대에서 범어로 게송을 주었던 범승(梵僧)을 꿈에서 만났다.

"스님, 이 밤중에 어인 일이십니까? 어서 안으로 드시지요."

"아니, 그럴 것 없소. 내일 날이 밝으면 한송정에서 만납시다."

날이 밝자 자장율사는 한송정으로 달려갔다.

"스님, 잘 오셨습니다. 소승은 문수보살의 말씀을 전해드리기 위해 왔습니다."

"어떤 말씀이신지요?"

"문수보살께서 다른 말씀은 없으셨고, 태백산 갈반지에서 만나자고 하시더군요."

이튿날 자장율사는 갈반지를 찾아 나섰다. 그렇게 사흘을 꼬박

찾다가 칡넝쿨이 엉켜 있는 곳을 발견했다. 그런데 칡넝쿨 위로 구
렁이가 열댓 마리가 뒤엉켜 똬리를 틀고 있었다. 자장율사는 제자
들에게 『화엄경』을 독송하도록 일렀다. 스님들의 『화엄경』 독경소
리가 조용하던 산중에 울려 퍼지자 이윽고 구렁이들이 엉켜 있던 몸
을 풀고 사라졌다. 그날 밤 자장율사의 꿈에 구렁이가 나타나 울면
서 말했다.

"저희는 전생에 불법을 닦던 승려였습니다. 수행을 게을리 하고 시
주물을 아까운지 모르고 쓰다가 그 과보로 뱀의 몸을 받았습니다. 그
동안 참회하면서 큰스님이 찾아와 제도해 주시길 간절히 서원했는데
이제야 그 소원을 풀었습니다. 저희가 있던 자리를 파보면 그 아래 금
은보화가 있을 것이니 그것으로 절을 창건하는 데 써 주십시오."

자장율사는 그곳에 정암사의 전신인 석남원을 창건했다. 그때가
645년이었다. 자장율사가 정암사 불사에 여념이 없었던 그때, 다

떨어진 옷에 삼태기에 죽은 강아지를 둘둘 말아서 지고 한 노인이 찾아왔다. 시자는 그 생김새만 보고 쫓아버리려 했지만 노인은 막무가내로 자장율사를 보겠다고 버텼다. 자장율사도 밖에서 소란스런 소리를 들었지만 "잘 타일러서 보내라."고 내다보지 않았다. 그러자 노인은, "아상(我相)을 가진 자가 어찌 나를 보겠느냐." 하면서 삼태기를 거꾸로 쏟으니 죽은 강아지가 큰 사자로 변했고 노인은 이 사자를 타고 떠나가고 말았다.

자장율사는 크게 탄식하면서 "내 아상이 문수보살 친견을 막았구나. 여태껏 했던 수행이 헛것이로구나." 하고 제자들에게 이르기를 "육신으로는 문수보살을 만날 수 없으니 내가 이곳에서 입정에 들어 참회하고자 하니 3개월 동안 내 몸을 잘 보관해라." 하고 말했다.

3개월이 지나도록 자장율사의 몸은 아무 미동도 없었고 안색도 변화가 없었다. 백일이 되는 날 지나가는 스님 한 분이 찾아와 "스승이 열반에 들었는데 왜 다비를 하지 않느냐."고 호통을 치자 비로소 제자들이 자장율사의 육신을 다비하고 장례를 치르니 정암사는 자장율사의 적정 열반처요, 중국 오대산에서 문수보살을 친견하고 돌아와 부처님 진신사리를 마지막으로 모신 마지막 적멸보궁이 되었다.

하늘이 처음 열리던 때 태백산 위에는 세 개의 나무상자가 있었다고 한다. 미륵부처님의 용화세상이 되면 위쪽 나무상자에서 부처님 이름이, 중간 상자에서는 경전의 이름이, 마지막으로 아래쪽 상자에서는 사람의 이름이 나온다고 한다.

또한, 봉우리가 세 개 있는데 동쪽의 봉우리가 천의봉, 남쪽이 은대봉, 북쪽이 금대봉이고 그 산마다 각기 보탑이 하나씩 있으니 첫째가 금탑이요, 둘째가 은탑, 세 번째가 수마노탑이라고 한다. 지금까지 수마노탑은 보존되어 있으나 금탑과 은탑은 감추어져 눈에 띄지 않는다고 한다.

정암사 적멸보궁 뒤편 산비탈 위에 세워진 모전석탑이 수마노탑인데 낙동강 주변에서 보이는 전탑 혹은 모전석탑들 가운데 형태미가 뛰어난 탑으로 꼽힌다. 1972년 전명 해체 복원할 때 진신사리와 청동함, 은제외합과 금제외합 등의 사리장엄구 그리고 염주와 금구슬 등이 발견되었다는데 가장 최근 보수한 것이 1653년의 일이라고 하니 적어도 고려시대 이래 현재까지 같은 모습으로 정암사를 지켜온 부처님 진신사리탑임이 분명하다.

법흥사

사자산 법흥사는 자장율사가 643년에 부처님의 진신사리를 봉안하고 흥녕사(興寧寺)라 이름 붙여서 창건했다. 이후 886년에는 중국 선종의 중흥조인 마조도일 선사로부터 법을 전수받았던 도윤국사의 제자 징효절중(澄曉折中)이 이곳에서 선문을 여니 화순 쌍봉사와 더불어 사자산문(獅子山門)의 중요 사찰이 되었다. 우리나라의 사찰 가운데 적멸보궁과 구산선문을 함께 겸한 유일한 사찰이 바로 법흥사다.

법흥사 적멸보궁은 사자산 연화봉 중턱에 있다. 적멸보궁 뒤에는 자장스님이 불사리를 봉안하고 수도하던 곳이라 전해지는 토굴과 사리탑이 있는데, 이곳이 바로 자장율사가 창건한 적멸보궁 중 가장 오래 머물며 지내던 곳이라고 한다. 토굴 옆에는 자장율사가 당나라에서 불사리를 모셔올 때 사리를 넣고 사자 등에 싣고 왔다는 석함이 남아있다.

자장율사가 이 다섯 군데의 적멸보궁을 창건한 이래 이들 사찰은 한국불교의 기도 성지가 되었다. 임진왜란 때 사명대사는 통도사에 모셔진 진신사리를 지키기 위해 강원도 정암사까지 옮겨 모시기도 했다. 신라시대 이래 자장의 불국토사상의 정수가 바로 적멸보궁으로 상징된다고 할 수 있으며, 당시 신라인들의 종교적 자부심이 현재까지 이어져 그것을 굳건하게 지키는 곳이 바로 5대 적멸보궁이라 할 수 있을 것이다.

제
주

토
속
신

　　제주도는 토속신이 매우 강한 지역이다. 마을마다 존
재하는 본향당이라는 당집에서 모시는 신들이 불교와 관련이 있다
고 단정하기도 힘들지만, 전혀 관계 없다고도 할 수 없는 어중간하
고 독특한 간격을 유지한다. 그러나 기왕 칠성이나 산신 등의 토속
신을 사찰 안으로 안아 들인 시각으로 볼 때 제주도만의 독특한 토
속신들도 불교와 대척점에 세울 필요는 전혀 없을 것 같다. 그런 점
에서 할망과 칠성과 나한이 함께 모셔지는 제주의 기도처를 조심스
레 찾아가 본다.

할망과 칠성과 나한이
어울려 노니는 땅

발타라존자의 수행처

발해 동쪽에 있어 신선이 살면서 먹으면 불로장생(不老長生)하는 불로초가 자란다는 전설 속의 산이 삼신산이다. 산 이름이 봉래산, 방장산, 영주산인데 진시황이나 한 무제가 동자동녀 수천 명을 보내 불로초를 구해 올 것을 지시했던 곳들이다. 오랜 세월 동안 우리 조상들은 전설 속의 삼신산이 우리 땅에 있는 영산인 금강산과 지리산과 한라산이라 믿어왔다.

이 삼신산은 불교와 만나면서 새로운 상상력을 덧붙여 나간다.

『화엄경』「보살주처품」에 법기보살이 그 권속과 더불어 상주하는 곳이 바로 금강산이요, 지혜제일 문수사리보살이 처처마다 자리 잡은 영산을 곧, 줄여 말해 지리산이라 부르게 되었다.

한라산은 금강산이나 지리산에 비해서 딱히 근거가 명확한 불교 관련 설화가 존재하지 않는다. 다만 『고려대장경』 제30권 「법주기」에 "부처님의 십육 제자 가운데 여섯 번째인 발타라존자가 권속 9백 아라한과 더불어 탐몰라주(耽沒羅州)에 많이 나누어 살았다."라는 기록이 있다. 1918년 이능화는 『조선불교통사』에서 이런 기록이 '그럴 듯하다'고 소개하고 있다.

조선불교통사 탐몰라주존자도량조(耽沒羅州尊者道場 條) -「법주기」에 이르기를, 16나한이 각각 주처(住處)가 있었는데 여섯째 발타라존자는 범어로는 발타라(跋陀羅), 중국말로는 호현(好賢) 인데 이 존자가 9백 아라한과 더불어 탐몰라주에서 많이 나누어 살았다고 하였다. 서로 전하기를 탐몰라주는 곧 탐라를 말한 것으로 지금의 제주이다. 제주 섬 중에 한 좌산(座山)이 있는데 이를 한라라 말하고 산 정상에는 백록담이 있는데 깊이는 밑이 없으니 곧 오랜 옛날의 분화구이다. 대개 장백산 정상에 천지가 있는 것과 같은 것이다. (중략)

『동국여지승람』을 살피건대 제주 존자암은 한라산 서령에 있는데 그 동(洞)에는 승(僧)이 행도(行道)하는 모양의 돌이 있으므로 속전하기를 수행동이라 운운하였는데 존자암은 발타라존자의 이름에서 온 것이라 함은 그럴 듯하다. 그 오백장군석 역시 5백나한석이 와칭(訛稱)된 것이라 함도 그럴 듯하다. 세상에 전하기를 탐라는 곧 삼성(三聖)이 입적한 땅이라 운운하였는데 옛날 보우대사(普雨大師) 및 환성선사(喚醒禪師)가 모두 이곳에 유배되었는데 역시 모두 돌아오지 않았으므로 사람들이 이미 이성(二聖)은 증험하였다고 하였다.

나한기도 성지, 영실 존자암

여기서 언급하고 있는 발타라존자는 부처님 재세 시 가장 가까이서 부처님을 수행했던 16아라한 가운데 한 분으로 하루에도 수차례 목욕을 즐겼다고 한다. 이 얘기를 전해들은 부처님께서 발타라존자를 불러서 물었다.

"그대가 그렇게 목욕을 즐기는가?"

"예, 그렇습니다."

"왜 그렇게 목욕을 즐기는가?"

"목욕을 하면 몸이 개운해지기 때문입니다."

"앞으로는 목욕을 하면서 이렇게 생각하면서 하거라. '내 마음은 늘 욕심과 자만과 질투와 분노로 가득 차 있다. 그래서 이 맑은 물로 그 모든 더러움을 씻어 버리려 한다.'라고."

발타라존자는 목욕을 수행으로 삼으라는 부처님 말씀을 그대로 따랐고, 얼마 지나지 않아 진리를 깨우쳐 아라한과를 얻었다고 한다.

만약 이능화의 가설대로 존자암이 발타라존자가 창건하여 머물렀던 절이라면 기원전 540년경에 창건된 사찰이라고 할 수 있는데, 아쉽게도 역사 속에서 보이는 기록은 거의 존재하지 않는다. 그나마 가장 오래된 기록이 15세기 홍유손이 남긴 『소총유고(篠叢遺稿)』인데 이 책에서는 존자암이 고씨, 양씨, 부씨가 처음 일어날 때부터 창건되었고 여기서 국성재라는 기원의식이 이루어졌음을 소개하고 있다.

"존자암이 처음으로 세워진 것은 고·량·부(高良夫) 3성이 일어날 때였으며, 제주목(濟州牧)·정의현(旌義縣)·대정현(大靜縣)의 3읍이 정립된 후까지 오랫동안 전하여 왔으니 비보소(裨補所)로 세상에 이름이 알려진 지 오래다. 그러므로 나라에서 암자에 논을 하사하여 벼를 심어 재(齋)를 올리는 경비로 삼게 하고 음력 4월중에 3읍의 사령 중에서 한 사람을 뽑아 목욕재계(沐浴齋戒)하고 암자에서 제사를 지내니 이를 국성재(國聖齋)라 하였는데 지금은 폐(廢)한 지 6~7년이 되었다."

오늘의 존자암은 1990년대 초반부터 시작된 복원불사로 모든 전각이 새로 조성되었는데, 가장 높은 곳에 자리 잡은 석종형 부도는 제주도에 전해져 내려오는 유일한 부도로 사찰에서는 발타라존자가 인도에서 직접 모시고 온 부처님 진신사리를 모신 부도로 소개하고 있다.

제주에 전해 내려오는 유일한 부도가 이곳 존자암에 남아 있게 된 이유는 조선 세종 9년(1427년) 김위민이 임금에게 보고했던 내용에서 미루어 짐작할 수 있다. 즉, "제주의 모든 절이 율장에 어긋나게 처자식을 거느리고 있는데 존자암만이 그렇지 아니하다."는 내용으로, 고려조 원나라의 영향 아래 있었던 제주불교도 원나라의 쇠망과 함께 퇴락해가는 가운데서도 존자암만이 계율을 지키고 치열하게 수행하는 도량이었음을 상징한다고 할 수 있다.

영실 존자암 부도

　여기서 잠깐, 앞서 이능화의 『조선불교통사』 기술 가운데 3성이 입적하는 땅이 제주인데 그 가운데 2성이 이미 입적했다는 말은 조선 중기 허응당 보우스님과 후기 환성당 지안스님을 이르는 말이다. 두 스님 모두 조선불교 중흥의 절대적인 영향을 끼쳤던 분들로서 말년에 억울한 누명을 쓰고 이곳 제주에 귀양을 와서 제주에서 입적하게 된다.

　당시 육지를 잇는 뱃길의 정박항은 현재의 제주항이 아니고 동편으로 떨어져 있는 화북항과 조천항이었다. 화북항은 추사 김정희와 구한말 유학자이자 의병장이었던 최익현 등이 귀양왔을 때 내렸던 곳이요, 보우스님과 지안스님은 이보다 더 동쪽으로 치우친 조천항에 내려 연북정이란 누각 근처에서 머물렀다고 전한다. 연북정이 내려다보이는 곳에 자리 잡은 불사리탑사(고관사)에 가면 근래 새로 조성해 모신 두 스님의 동상과 비석이 있다.

1만8천 가지 상상력으로 만든 제주신화

제주 심방(무당)들 사이에는 제주에는 1만8천 명의 신이 존재한다는 말이 있다. 육지로부터 고립되고 척박한 현무암 토양을 가진 제주민들은 육지에 대한 배타성과 곤궁한 삶을 지탱할 자신들만의 의지처로 많은 신화를 만들어냈다. 가장 대표적인 신이 설문대 할망, 영등 할망 등으로 대표되는 많은 할망들이요, 또 도처에 348소가 남아 있는 신당(본향당, 일뤠당, 여드레당, 해신당 등)들이다.

이 가운데 제주 사람들이라면 누구나 마치 직접 본 듯이 구술하는 이야기 속의 설문대 할망의 모습은 이렇다.

설문대 할망은 은하수를 손으로 뻗쳐 닿을 만큼 높은 산인 한라산을 만든 사람으로 앞치마에 흙을 너댓 번 퍼다 부려서 한라산을 만들었다고 한다. 이때 터진 치마폭 사이로 흙이 새어서 제주의 수많은 오름이 만들어졌으며, 한쪽 발은 추자도 아래 관탈섬을 딛고 다른 한 발로는 마라도를 딛은 채 빨래를 할 적엔 한 손으로 한라산을 짚고, 성산포 건너 우도를 빨랫돌로 삼았다고도 한다. 일출봉은 빨래그릇이요, 그 위에 봉긋봉긋 솟은 바위는 불을 밝혔던 등경돌이고, 낮잠을 잘 때 엉덩이에 눌린 자국이 서귀포 고근산 꼭대기 분

제주 곳곳에 조성된 본향당 모습

화구로 남아 있다.

할망이 제주도의 탄생과 관련하여 비교적 큰 스케일의 서사적인 신화의 주인공이라면 신당에 모셔진 주신들은 마을과 개인의 건강과 재물, 안녕 등을 기원하는 대상이다. 신당은 본향당과 일뤠당, 여드레당, 해신당으로 나뉘는데, 이 가운데 본향당은 마을 전체의 생명과 건강, 부귀 등을 관장하는 곳이다. 마을마다 모시는 신은 각기 다른데 대개 여성격의 농업신과 남성격의 목축신을 모신다.

일뤠당은 매 7일, 17일, 27일에 제를 올리는 개인 신당으로 자식의 점, 건강 등을 관장하며, 북두칠성의 칠성신을 모신다. 여드레당은 8일, 18일, 28일에 제를 올리는 개인 신당인데 재부(財富)를 관장하는 뱀신을 모시는 특징을 띤다. 제주에서는 칠성신과 뱀신을 동일시하기도 하는데 뒤안에 작게 만들어 놓은 짚가리를 칠성눌이라고 부르며, 집안을 돌봐주는 뱀신이 머무는 곳이라는 믿기도 한다.

해신당은 풍어(豊漁)와 안전을 기원하는 곳으로 포구 주변에 만들어져 있다.

원나라와 제주불교

백제와 신라의 변방 씨족국가였던 탐라는 고려시대 들어서면서 숙종 때 군으로, 의종 때 현으로 강등되더니 조선 세종 때는 그나마 일체의 귀족층을 인정하지 않고 중앙정부에서 임명한 관료 외에는 모두 평민화하게 된다.

그나마 삼별초 항쟁을 마친 후에는 제주도 전체가 몽고 기마병들이 타는 말을 키우는 목장화하게 되고, 제주도는 몽고의 지배를 받는 운명이 되고 만다. 이때 몽고의 왕실 원찰과 같은 성격으로 만들어진 절이 원당사와 수정사, 법화사다.

원당사는 1333년 14세에 원나라 황실에 공녀(貢女)로 차출되었던 고려인 기황후가 원찰로 삼아 기도해서 마침내 1339년 원 순제의 아들을 잉태했다는 절로서 현재까지도 당시 조성한 오층석탑(보물 1187호)이 남아 있다.

기황후는 원나라 마지막 황제인 순제의 두 번째 황후로 아들 아이시리다라를 낳은 후 사실상의 최고 권력자가 되었던 인물이다.

현무암으로 조성된 원당사 5층석탑.
기황후가 조성한 것으로 알려졌다.

황후가 되기 전 그녀가 간절히 기도하는데 하루는 한 스님이 지나가면서 "동해 바다 북두의 명맥이 비치는 삼첩칠봉(三疊七峰) 아래에 절을 짓고 탑을 세워 기원하라."는 계시를 받는다. 그녀는 이 말을 따라 일곱 개 오름이 중첩된 이곳 원당사터에 절을 세우고 아담한 5층짜리 탑을 만들어 기도함으로써 세웠던 바람을 성취했다.

변방인 고려에서 공녀로 원나라 황실에 들어갔던 기황후가 6년이란 짧은 세월에 대제국의 최고 권력자가 되기까지에는 결과적으로 이곳 원당사에서의 기도가 큰 역할을 한 셈이다. 이런 전설 때문인지 제주에서는 근래에도 아이를 갖지 못하는 사람들이 이 탑을 찾아 기원하는 예가 많다고 전한다.

하지만 이 원당사는 원나라가 망한 뒤 폐사가 되었고, 1900년대에 제주불교의 중흥조라 할 수 있는 봉려관 스님에 의해서 중건하게 되는데, 이때 사찰명이 불탑사로 바뀌어 현재 비구니스님들에 의해서 관리되고 있다.

제주 동쪽 산지에 원당사가 있다면 서쪽에는 도근천 건너 외도동 주택가 평지에 자리 잡은 사찰이 수정사다. 『조선왕조실록』 태종 8년(1408년) 기사에 보면 절에 소속된 노비만 130명에 달하는 거대사찰이었다고 하는데, 현재는 제주시의 도시계획에 의해서 주춧돌 몇 개만 굴러다니는 놀이터로 바뀌었고, 수정사 앞마당이었을 만한 곳에는 역설적이게도 개신교 교회가 들어서 있다.

원나라가 망하고 같이 쇠락의 길에 들어서 16세기에 한 차례 중수 기록이 남아 있지만 17세기 초에 거의 폐사 상태에 빠지고, 17세기 후반, 당시 제주목사이던 이익태는 자신의 문집인 『지영록』에서 "도근천 근처의 폐사에서 목재를 구해다가 연무정을 수정케 했다." 라고 쓰고 있는 것을 볼 때 이 무렵 이미 폐사됐을 것으로 보인다.

12동의 건물터와 수많은 유물들이 발굴되었는데 그 가운데 석탑

1만8천 토속신의 상주처 제주도

의 부재인 점판암 면석은 예술적으로 제주도 불교유물을 대표하는 수작으로 꼽힌다. 음각으로 인왕상이 조각되어 있는데, 현재는 제주박물관에 보관중이다.

한라산 남쪽 기슭 서귀포가 내려다보이는 곳에 위치한 절이 법화사다. 『완도지』에 "장보고가 완도에 청해진을 설치하고 법화사를 창건했으며, 중국 산동반도에도 법화원을 만들었다."는 기록을 근거로 이곳 법화사가 장보고가 창건했다는 주장이 제기되었고, 현재 법화사에는 장보고의 동상과 비석 등이 즐비하게 세워져 있다.

하지만 앞서 존자암과 마찬가지로 제주불교는 원나라의 영향이 본격적으로 미치던 13세기 이전의 기록이 거의 발견되지 않는 것으로 보아서 본격적인 불교 전래는 원나라의 영향 아래 시작되었다고 보인다.

『조선왕조실록』 태종 6년(1406년) 기사를 보면 법화사와 관련하여 당시 신흥 조선과 명나라 양국 간의 외교 신경전이 벌어진 것을 볼 수 있다. 먼저, 명나라에서 제주 법화사에 모셔진 아미타 삼존불이 원나라의 양공이라는 사람이 만들었으므로 직접 와서 둘러보고 찾아가겠다고 통보했다.

조선의 조정에서는 이는 필시 원나라 때 직접 제주를 통치했던 것을 근거로 제주를 복속시키기 위한 계략이라고 판단하여 부랴부랴 김도생과 박모를 제주로 보내서 일곱 척이나 되는 삼존불을 수천 명의 인력을 동원해서 17일만에 전라남도 해남 땅에 모셔왔다. 결

법화사

국 명나라 사신으로 온 황엄과 한티무르는 제주 땅을 밟아보지도 못
하고 삼존불만 모셔서 돌아갔다고 한다.

이렇듯 법화사는 당시 국제사회에서도 주목받는 대찰이었다. 모
셔진 주불이 가로 세로 공히 7척에 달하였고, 조선 초기까지 사찰
소속의 노비가 280명에 달했다고 하니 아마도 전국적으로도 가장
큰 사찰이었을 듯싶다. 하지만 법화사도 원나라의 쇠퇴 이후 급격
히 몰락하여 17세기 중반에 폐사되었다.

원나라와 관련이 큰 이 세 군데 사찰은 제주불교 전래기와 융성
기를 대표하는 사찰이라고 할 수 있는데, 모두 조선시대 초중기를
거치며 폐사되고 만다. 아마도 이것은 숭유억불을 통치이념 가운데
하나로 삼은 조선조의 정책 탓이 크지만, 또 하나의 원인이 있다면
공민왕 말기부터 일었던 반원정책이 조선조까지 이어지면서 집중

적으로 원나라와 관련 있던 절부터 폐사되었던 것으로 보인다.

서귀포 앞바다에 보면 사방이 깎아지른 작은 섬 하나가 있다. 범섬이다. 이 범섬이 바라다보이는 외돌개에서 법환포구에 이르기까지 발길이 닿는 곳곳마다 최영 장군과 목호의 이름이 거론되는데, 고려 말 기황후의 오빠인 기철이 누이동생의 권세를 빌어 고려왕조를 좌지우지하다가 공민왕에 의해 죽음을 맞는다.

이후 고려왕조는 아직까지 가장 왕성한 세력으로 남아 있던 원의 세력 본거지였던 제주에 대장군이었던 최영 장군까지 보내 남은 세력을 몰아내는데, 그때 원나라 잔류 병사의 지도자가 목호였다. 목호는 결사항전의 각오로 범섬으로 들어가 꽤 오랜 시간을 버텼던 모양이다. 바닷가 우뚝한 바위인 외돌개는 최영 장군의 옷을 입혀서 목호세력이 두려움에 떨게 만들었다는 설화가 남아 있고, 법환포구 주변에는 당시 고려군이 머물렀던 숙영지와 범섬까지 돌다리를 쌓으려 했던 흔적 등이 곳곳에 남아 있다.

영욕(榮辱)이 교차하는 제주불교

제주는 예부터 '당오백 절오백'이란 말이 있을 만큼 신당과 절이 많았다고 한다. 그런데 제주도의 당집과 절들이 한순간에 사라졌던 사건이 있었으니, 바로 숙종 28년(1702년) 제주목사 이형상에 의해서이다.

이형상은 문신이면서도 금산군수로 재직할 당시 덕유산 도적들을 토벌하는 공과를 자랑하는 관료였다. 1702년 부임했던 그는 부임하자마자 몽매한 풍속을 타파한다는 명분으로 129개의 신당을 불태우고 억불정책 아래 그나마 근근이 남아 있었던 사찰들도 모두 폐사시켜 버렸다.

이렇게 불교가 완벽하게 절멸한 상태에서 200년가량이 지난 후, 다시 꺼진 불심을 지펴 사른 이가 바로 봉려관 스님이다. 봉려관 스님은 1865년 6월 14일 제주 화북에서 순흥 안씨 치복과 어머니 평산 신씨 사이에서 차녀로 태어났다. 속명은 안여관(安廬觀)인데, 1907년 해남 대흥사의 유장스님에게서 계를 받아 법명을 해월(海月)이라 했다. 봉려관(逢廬觀)은 보살계명이나 흔히들 안봉려관이라 불렀다.

비문에 따르면 1882년 결혼하여 1남 3녀를 두었는데, 1889년 우연히 고승을 만난 게 인연이 되어 불교를 접하였고, 1901년 비양도

관음사 내에 봉려관 스님이 기도했다는 해월굴

에 들어가던 중 풍랑을 만나 일심으로 관세음보살을 염하자 무사히 건너갈 수 있었다고 한다. 1907년에 전남 해남군 대흥사의 유장스님을 은사로 청봉화상을 계사로 모시고 계를 받았다.

　이윽고 1908년, 제주로 돌아와 불상을 모시고 기도를 하려는데 제주도민 500여 명이 몰려와서 그대로 두면 세상이 어지럽고 백성이 유혹을 당할 처지라 하여 집과 불상을 불태우는 사태가 벌어진다. 이후 봉려관 스님은 한라산에 올라가 죽을 결심을 하고 낭떠러지에서 뛰어내리는데 까마귀떼가 나타나 옷을 물어 구해줬다고 한다.

　살아난 봉려관 스님 앞에 범상치 않은 한 노인이 나타나 산천단으로 가보라고 하므로 찾아가니 그곳에서 운대사라는 스님을 만나게 된다. 운대사는 봉려관 스님에게 기다리고 있었다는 말과 함께 가사 한 벌을 내려주었다. 그 길로 현재의 관음사터에 있던 해월굴에 들어가 3년을 지극정성으로 기도하며, 관음사를 창건하고 이후

법화사와 백련사, 불탑사, 월성사 등을 중창하게 된다.

또한, 스님은 안도월 스님과 함께 법화사 아래에 법정사를 창건하여, 1918년 이곳에서 3·1운동보다 1년 앞서 무장항일투쟁을 벌였던 무오항일법정사 사건을 일으키는 단초를 제공하게 된다. 이후 봉려관 스님은 제주불교협회를 만들고 제주불교 부흥에 이바지하다가 1938년 음력 5월 28일 74세의 나이로 입적한다.

현재 관음사에 들어서면 천왕문 옆으로 3년 동안 기도했던 토굴인 해월굴과 봉려관 스님 좌상이 놓여 있으며, 건너편 부도전에는 1943년에 세운 비석이 서 있다.

한편, 봉려관 스님은 입적하기 전 자신이 죽어서 화장을 할 때 연기가 곧게 오르면 관음사가 번창할 것이요 옆으로 누우면 화를 입을 것이라고 했다는데, 실제 화장을 시작하자 처음엔 곧게 오르던 연기가 나중에 흐트러졌다고 한다. 후임 주지였던 오이화 스님은 이 모양을 보고 근심했는데, 1940년 화재로 불타게 되고 중건한 지 8년여 만에 또다시 4·3사건으로 전소하는 운명을 맞게 되었다.

제주를 흔히 삼다도라고 한다. 돌과 바람과 여자가 많아서 그렇게 부르는데, 돌과 바람은 단지 수가 많아서 그렇게 볼 수도 있겠지만 여자가 많다는 것은 단지 수의 많음뿐 아니라 역사 속에 남긴 제주여성들의 활약에 힘입은 바 크다. 200년 동안 절멸된 제주불교를 다시 일으켜 세운 안봉려관 스님도 그런 제주 여성의 표상 가운데 한 분으로 해마다 관음사에서는 기일을 맞아 제사를 올린다고 한다.

기도 도량을 찾아서

| 우리나라 대표 기도 성지 |

1판 1쇄 인쇄 2014년 1월 10일
1판 2쇄 발행 2018년 6월 5일

지은이 | 황찬익
펴낸이 | 이태호
펴낸곳 | 클리어마인드

편집 | 김창현
디자인 | 김형조
인쇄 | 보현 P&B

출판등록 제 300-2005-54호
주소 | 서울시 종로구 수송동 58 두산위브파빌리온 1337호
전화 | (02) 2198-5151
팩스 | (02) 2198-5153

ⓒ 황찬익, 2014

ISBN 978-89-93293-34-0 03220

값 16,000원

이 도서의 국립중앙도서관 출판시 도서목록(CIP)은 e-CIP홈페이지(http://www.nl.go.kr/ecip)에서 이용하실 수 있습니다.
(CIP제어번호 : CIP2013028648)